この国の不寛容の果てに

相模原事件と私たちの時代

Amamiya Karin
雨宮処凛 編著
神戸金史
熊谷晋一郎
岩永直子
杉田俊介
森川すいめい
向谷地生良

大月書店

本書のテキストデータを提供いたします

本書をご購入いただいた方のうち、視覚障害などの理由で書字へのアクセスが困難な方に本書のテキストデータを提供いたします。ご希望の方は書名・お名前・ご住所・電話番号を明記の上、200円切手を同封し下記までお送りください。なお第三者への貸与、送信、ネット上での公開などは著作権法で禁止されておりますので、ご注意ください。

〒113-0033　東京都文京区本郷2-27-16
大月書店編集部　テキストデータ送付係

序　章

私自身の「内なる植松」との対話

雨宮処凛

「日本は少子高齢化で社会保障の財源がないんだから、ある程度〝命の選別〟をするのは仕方ない」

いつからか、そんな空気がこの社会を覆っている。

10年前だったら、たとえ心のどこかでふと思ったとしても、口に出すのは憚《はばか》られた考えだろう。

しかしいま、残酷な「本音」が「理想」や「建て前」を打ち破るような現実を至るところで目にし、耳にする。「命は大切だ」というような「正論」を口にする人間が、「現実を何もわかっていない」と嘲笑され、愚かさの象徴とされるような。いま、言ってはいけなかった「剝き出しの本音」が、この国の至るところで猛威を振るっている。

その象徴が、相模原市の障害者施設「津久井やまゆり園」で19人が殺された、あの事件だろう。

事件が起きた朝のことははっきりと覚えている。

テレビ画面の上部に映し出されたニュース速報の文字。続いて表示された、障害者施設で多数の入所者や職員が殺傷されたという内容。そして、逮捕された容疑者が施設の元職員だと知ったときの衝撃。テレビで何度も読み上げられた、「障害者は不幸を作ることしかできません」という容疑者の手紙の文章。決して公共の電波には乗らなかった、乗せてはいけなかった、不意打ちの暴力みたいな言葉。

信じられない事件が起きた。

そう思いつつも、心のどこかで思っていた。「とうとう」と。

「とうとう、こんな事件が起きてしまった」と。

そう、私はどこかで、こんな事件がいつか起きるのではないかと予感していた。それに気づいたとき、動揺した。

だけど静かに、「心の準備」は進んでいた。

2000年代に始まった、「〇〇人は殺せ」というようなヘイトデモ。「在日特権」という言葉や「嫌韓嫌中」ブーム。政治家が率先して煽る生活保護バッシングや貧困バッシング。書店に並ぶヘイト本と、それらが次々とベストセラーになる現実。フェイクだろうがなんだろうが、「見たいものしか見たくない、信じたいものしか信じたくない」という、ほとんど信仰に近いような切実な欲望。出版不況の中、それに呼応して少しずつ変わっていったメディアや言論人たちの良識。売れるものこそが偉く、「勝ち」であり「正義」であるという剝き出しの商業主義。それほどに余裕がなくなっていたこの国の経済。

2018年夏、『新潮45』誌上における、自民党議員・杉田水脈《みお》氏の論考が大きな批判を浴びた。LGBTをめぐって「生産性」という言葉を使ったことがその理由だった。しかし、そのずーっと前から、この国には「生産性がない者には生きる価値などない」「企業の営利活動に貢献できない者には生きる資格なし」といったメッセージが、全国津々浦々まで浸透していた。

「生産性」という言葉を耳にして、あることを思い出した。

10年ほど前、あるラジオ番組に出たときのこと。貧困問題への対処を訴えたところ、20代の会社員男性から番組にあてて、私へのFAXが届いたのだ。そこには一言、「利益創出人間以外は死んでください」と書かれていた。見慣れない「利益創出人間」という言葉を眺めながら、もしかしたらこのFAXを出した男性こそが、日々、職場でそんなことを言われているのではないかと思った。利益を生み出せないなら死んでください、と。

あれから10年。有効求人倍率は多少改善されても、非正規雇用率が4割という雇用環境の厳しさ、過酷さは変わっていないどころか、さらに厳しくなっている。少ないパイを奪いあい、コスト削減に日々励み、「いかに1円でも多く利益を上げるか」という、どん底に向かうような競争に、多くの企業が、働く人が疲れ果てている。そんな中、少なくない人にとって、生活保護利用者や障害者は「不当に守られ」「怠けている」ように、「ズルをしている」ように見えるのかもしれない。

だけど、生活保護利用者や障害者がそう見えてしまうほどに庶民が地盤沈下した社会は、一言で言ってほぼ地獄だ。

少し前、公務員バッシングがあった。

いい給料をもらい、安定した雇用のもとで楽をしている、というようなバッシング。

しかし、バブルのころ、公務員を「高給取り」とバッシングする人などいなかった。逆に「地味な仕事」「冴えない仕事」の代名詞で、もっと横文字とかで特別っぽくて稼げる仕事が「憧れ」とされていた。公務員を通り越して、生活保護利用者や障害者が「特権」とみなされるなんて、この国の人々の生活はどこまで地盤沈下してしまったのだろう。

この国に溢れる不寛容な言葉

さて、あの事件以降、この国であったことについて触れていきたい。

事件の2カ月後、アナウンサーの長谷川豊氏はブログで以下のように書いた。

「自業自得の人工透析患者なんて、全員実費負担にさせよ！　無理だと泣くならそのまま殺せ！」

ブログは大炎上し、長谷川氏は出演していたすべての番組の仕事を失った。が、その後、「日本維新の会」の公認候補となり、２０１７年の衆院選に出馬。落選したが、右派的な発言は加速。２０１９年1月ふたたび日本維新の会の公認候補となるものの、5月、今度は部落差別発言が問題となり、出馬は取りやめとなった。

２０１８年1月には、かつて優生手術を強いられた障害者の女性が国を提訴し、同様の訴訟が相次いだ。旧優生保護法のもと、90年代まで、障害者が子どもを持てぬようにする強制不妊手術が行われてきたことが白日の下に晒《さら》されたのだ。

「優生上の見地から不良な子孫の出生を防止する」

そう明記された旧優生保護法は、96年までこの国に存在した。厚生労働省によると、本人の同意が必要とされなかった不妊手術は、1949年から92年までの間に約1万6500件あったという。現在、多くの当事者が抗議の声を上げ、全国で提訴に踏み切っているが、不妊手術をされた人々は数十年間、沈黙を余儀なくされていたのだ。

「LGBTには生産性がない」とする記事が出た2018年7月末、自民党本部前には約5000人が集まって抗議の声を上げた。しかし、『新潮45』はその後の号で、開き直るかのように「そんなにおかしいか杉田水脈論文」という特別企画を組んだ。その内容はLGBT問題にあまりにも無知・無理解なもので、著名な作家や新潮社社内からも批判の声が上がり、35年以上の歴史を持つ『新潮45』は事実上の廃刊に追い込まれた。

2018年10月には、シリアで拘束されていたジャーナリストの安田純平さんが40カ月ぶりに無事に帰国。が、またしてもメディアやネット上には「自己責任」という言葉が登場した。なぜ安田さんがシリアへ取材に行ったのか、「世界最悪の人道危機」と言われるシリアの状況がどんなものなのか、そういったことを伝えたメディアはほとんどなく、多くがひたすら「自己責任か否か」を論じ続けた。

2019年3月には、東京・福生《ふっさ》の病院で40代の女性が人工透析を中止し、その後死亡していたことが報じられた。女性は透析中止後、看護師に「こんなに苦しいなら透析したほうがいい。撤回する」と発言した記録が残されていた。

終末期ではない患者に透析治療をしない選択肢が提示されていたことがわかり、さらにこの病院では、透析を始めなかったり中止したりして21人が死亡していることが判明した。これらの対応が適切だったのかが大きな議論を呼んだが、病院に立ち入り調査をした日本透析医学会は、「中止の意思尊重は妥当」と結論づけた。しかし、ただでさえつらい治療をし、「家族に迷惑をかけて申し訳ない」「医療費がかかって申し訳ない」と思いがちな患者に、死に直結する治療中止の選択肢を示すこと自体が問題ではないかという声も上がった。

同年6月には、川崎市登戸で無差別殺傷事件が発生した。小学生の女の子と保護者の2人が命を奪われ、加害者の50代のひきこもり男性はその場で自殺した。これに対して、「死ぬなら一人で死ね」という声が世に溢れた。またあるタレントは、番組内で犯人を「不良品」に例え、「その人たちどうしでやりあってほしい」と語った。

その4日後、東京都練馬区に住む44歳の男性が父親に殺害された。やはりひきこもっていたという男性は、殺害された日、近所の小学校の運動会の音に「うるせぇな、ぶっ殺してやるぞ」と口にしたという。それを聞いた父親は「周囲に迷惑をかけたくない」「川崎の事件を知り、長男が人に危害を加えるかもしれない」と思い、殺害。法に触れることは何もしていない男性の命が奪われた事件だが、ネット上には父親に対する同情や賞賛の声すら上がった。

同じ6月、テレビで衝撃的な番組が放送される。NHKスペシャル『彼女は安楽死を選んだ』だ。難病である多系統萎縮症を患った女性がスイスに行き、安楽死をするまでを追ったドキュメンタリー番組である。進行していく病と、病によって「自分らしさ」を失っていくのではないかという恐怖。「天井を見ながら毎日を過ごし、ときどき食事を与えられ、ときどきおむつを替えてもらい、果たしてそういうふうな日々を毎日過ごして」生きる意味などあるのか、と思いを吐露する女性。その安楽死の瞬間まで、カメラは回り続けた。

障害者団体DPI日本会議の加盟団体である「日本自立生活センター」は、同番組に対して声明[*1]を出している。そこには、番組において難病の人や人工呼吸器をつけた人の生が否定的に描かれていること、実際には人工呼吸器や胃ろうを用いて生き生きと自分らしく生きている人もたくさんいること、「生きたい」と「死にたい」の間で揺れている人々に対して、この番組は死ぬ方向に背中を押してしまう強烈なメッセージを持っていること、などが触れられている。

その翌月に告示された参議院選挙においては、「日本でも安楽死制度を」と求める「安楽死制度を考える会」が選挙区、比例区で候補者を擁立した。同会のサイトには、トップページに「訴え」として以下のような言葉が並ぶ。

「家族などに世話や迷惑をかけたくない」「将来の不安に備えた貯金をする必要がない」「予算を掛けずに国民が安心感を感じれる《ママ》」

＊1……日本自立生活センター「ＮＨＫスペシャル『彼女は安楽死を選んだ』（２０１９年6月2日放送）における幇助自殺報道の問題点についての声明」(http://dpi-japan.org/wp-content/uploads/2019/06/9eec5dbdce737399f5bac0aae28f7ea5.pdf)

植松被告が憂慮する「日本の借金」

雑誌『創』の２０１９年8月号によると、植松聖《さとし》被告は獄中で安楽死に関する本を多く読んでいるという。しかも最近、『創』編集部に「ぜひこれを読んでください」と、橋田壽賀子氏の著書『安楽死で死なせて下さい』（文春新書）が送られてきたそうだ。

「障害者４７０人を抹殺できる」、それが「世界経済と日本のため」だと衆院議長に宛てた手紙に書いた植松被告。獄中の彼が、さかんに主張していることがある。それは「日本の借金問題」だ。

「日本は社会保障を充実させていって１００兆円もの借金を抱えることになりました。あなた自身はそれをどう思いますか？」

「僕の言うことを非難する人は、現実を見てないなと思います。勉強すればするほど問題だと思いました。僕の考え、どこか間違っていますか？」

これらの言葉は植松被告が発したものだ。『創』２０１８年11月号「植松聖被告が面会室で激高した瞬間」から引用した。

事件以来、植松被告と面会を重ねる『創』の篠田博之編集長に同行したのは、金沢大学名誉教授である井上英夫氏。18年8月22日のことだ。井上教授は私もよく知る人で、社会保障法などを専門とする研究者であり、徹底した「弱者の味方」でもある人だ。２０１２年、北海道札幌市で、生活保護の申請ができずに40代の姉妹が餓死・凍死する事件が起きた際には、調査団を作ってともに現地に飛び、福祉事務所に改善を申し入れ、また、生活困窮者たちの聞き取りをするなどした。ケンタッキーの前にあるカーネル・サンダースそっくりの見た目で、いつも弱者に寄り添う人。それが井上教授である。優生手術裁判やハンセン病家族訴訟の支援もしている。

そんな井上教授は、相模原事件についての調査チームを結成。そのための面会だったようである。篠田編集長と井上教授が面会する前日には、調査チームの別メンバーが接見していたようで、接見当日、植松被告は前日の面会でのやり取りを引きずって、苛立ったようすだったという。彼が「日本が多額の借金を抱えていることをどう思うか」と尋ねたのに、話をそらされたと感じたためらしい。

結局、井上教授との接見でも、植松被告は「心失者（意思疎通のできない者を意味する、植松被告の造語）は人間じゃありません」などと言い、税金を使って障害者の生活を保障することに対して「無駄というより、不幸しか作れないということです」など、事件当時と変わらない持論を展開。そうして接見の途中、井上教授に「キレた」のだという。

植松被告がキレたのは、この発言のあとだ。

「昨日来たお二人が、お金のことを一番に考える風潮が怖いとか言っていましたが、お金のことを考えない方が人間としてありえないんです。それはおままごとじゃないでしょうか。社会保障に多額のお金をかけてる現実をあなたはどう思うんですか?」

これに対して、井上教授が言った。

「でも日本は本当にお金がないのだろうか。借金してたとしても金はあるんじゃないのかな」

この言葉に、植松被告は激昂。アクリル板の前の机をバンと叩いて「ぼけてるんじゃないよ!」と立ち上がり、帰ろうとした。職員が制止するそぶりを見せたほどだという。

その後も接見は続くのだが、植松被告はオランダの安楽死に触れ、自分のやった殺人行為に対して「安楽死にならなかったことは申し訳ないと思っています」などと発言。また、障害者の家族の無理心中などについても言及するのだが、唐突にやはり「日本の借金」問題に触れて、言う。

「日本の借金だってこれ以上もう無理ですよ。これで大地震でも起きたら無茶苦茶になりますよ」

「そもそも借金で何かをするということ自体、考えられないですよ」

「日本の借金」が、自分の「19人殺害」という犯行を正当化する理由にでもなると、植松被告は本気で思っているのだろうか?

が、一見めちゃくちゃに思える彼の言い分から見えてくるのは、彼は彼なりの「危機感」の中で生きている、ということである。

このままでは日本の財政が破綻してしまう、というような切迫した思い。そのようなことは、植松被告が言うまでもなく、日々メディアで報じられていることでもある。多くの人が、そんなこの国の状況について多かれ少なかれ危機感を持ち、なんとかしなければと思っているはずだ。

このようなことを考えていたとき、非常に興味深い記事を読んだ。障害者団体が主催した「みやぎアピール大行動２０１８」を報じたネットメディア「BuzzFeed Japan」の記事[*2]だ。ここで、障害者の人権問題に取り組んできた立命館大学の立岩真也教授の言葉が紹介されているのだが、立岩教授は、相模原事件などについて、少子高齢化が叫ばれる時代、「命を選別しなければ国民の生活が立ち行かなくなるとする不安」が背景にあると指摘している。

そうして相模原事件について、以下のように述べるのだ。

「犯人の言っていることは突拍子もないと思われているかと言えば、今はおかしいと思われていないところがこの事件を忘れてはいけない理由です」

「この男は社会や国家の未来を心配し、こういう形で障害者を生かすことを続ければ社会がもっと大変なことになる、だから社会を危機から救うのだというある種の正義感にかられてやったと言っています」

「誰もそんなことはしないけれど、手前のところで（植松被告と同様のことを）思っている。植松被告はそれを真に受けて人を殺しましたが、素っ頓狂な信仰に過ぎないと言えない状況になっていることが、問題なのだと思います」

「少子高齢化という言葉を小学生でも知っている今、より生産に励み、生産しないものは産まれないようにしておかないと、この世の中はやっていけないらしいというある種の常識が根っこにあって起きた事件だと思います」

立岩氏は、そんな「常識」が、ＬＧＢＴには「生産性がない」と書いた杉田水脈議員や、「自業自得の人工透析患者を殺せ」と主張した長谷川豊氏など、政治を志す者にも共有されていることを指摘する。

「彼女らは物心ついた時には既に少子高齢化という言葉が世の中にあり、バブル崩壊後に社会の中で失業者がたくさんいるという中で育った。世の中は放っておいたらもっと大変になるという空気の中に生き、それを前提にして政治家になろうとした人たちです」

そして、そんな「放っておいたらもっと大変になる」という予感と不安は、前述した通り、この国の多くの人が抱えているものでもある。

そんなふうに見ていくと、植松被告の奇妙な「普通さ」が浮かび上がる。あれほど異常な事件を起こしたというのに、どこかものすごく「普通」で「真面目」なのだ。なぜなら彼は、先に紹介したように「借金はいけない」という高い倫理観と規範意識を強固に持っている。また、「迷惑をかけてはいけない」という言葉も、彼を考える上で非常に重要なキーワードだ。たとえば接見の中で、植松被告は井上教授に以下のように質問している。以下、やりとりを『創』から引用しよう。

植松　安楽死についてですが、あなたは自分の意思疎通ができなくなっても延命したいと思いますか？
――それはわからないけれど、少なくとも生きるか死ぬかは自分で決めたい。
植松　決められない人もいますよ。意思疎通ができないので死にたくないという人をどうしますか？
もう排泄ができなくなった時も延命したいと思いますか？
――少なくとも最期に水を飲めなくなるその時までは延命をやってほしいと思います。
植松　それが迷惑なんですよ。
――誰にとって迷惑なの？
植松　誰にとってもですよ。

借金はいけない。人に迷惑をかけることもいけない。国の将来を憂え、危機感を持っている。なんとかしなければと思っている。ここまでの要素は「立派な若者」と言いたくなるものだ。しかし、それらの思いをすべて凝縮し、危機感と正義感をもって彼が実行したこと。それは障害者の大量殺人だった。
彼のやったことは決して許されない。どこからどう見ても異常だ。しかし、彼の主張の背景には、40代ロスジェネの私にも共通するような「剝奪感」が垣間見えるのだ。

＊2……岩永直子「『将来の生活不安が差別をはびこらせている』障害を持つ人の集会で抵抗の声」BuzzFeed Japan、2018年9月28日（http://www.buzzfeed.com/jp/naokoiwanaga/miyagi-appeal-2018）

ロスジェネ以降の世代に鬱積する「剥奪感」

「社会保障で国の借金が大変」という彼の言い分を読んで真っ先に思い出したのは、山野車輪氏の描いた『「若者奴隷」時代』という漫画だった。山野氏と言えば『マンガ嫌韓流』の作者で、嫌韓ブームの火付け役のような存在である。そんな山野氏が２０１０年に出したのが『「若者奴隷」時代』（晋遊舎ムック）で、この本の表紙には、「だ・か・ら若者は高齢者に一生貢いでいればいいんだよ！」と叫ぶ老人に、犬のように鎖をつけられた若者が「ジジババを殺《や》らなきゃオレたちはこのままなのか⁉」と悲痛な顔で叫んでいる絵が描かれている。帯には「65歳の高齢者は20歳のキミよりも３９０３万円もボロ儲け！」とある。いわゆる社会保障の世代間損得勘定でよく使われる数字だ。漫画の中では、報われない若者たちが高齢者を責めるシーンが何度も出てくる。たとえば、こんな感じで。

「高齢者は自分たちの世代が働かずに豊かな生活を営むために　若者や将来世代から莫大な額の富を搾取しているのです！」「そして下の方にある１億２１７１万円という数字は　政府の将来純債務を将来世代一人当たりが背負わされる金額です」「高齢者はこれまでに積み上げた大量の請求書を　現在の若者や未来の子供たちに回し支払わせようともくろんでいますが　そのような愚劣な考えは到底許されません」

漫画では、このような若者の言い分に何も言い返せず「うぐぐぅ」「むぐぐぐ……」と言葉を失う高齢者たちの姿が描かれる。他にも、目次には「若者を追い詰める高齢化社会の弊害」「パラサイト・シルバーの時代」「将来世代や僕たちにツケを回す医療・年金・介護」「高齢者民主主義の国」「政治の仕組みが僕たちを食い尽くす」といった言葉が並ぶ。

特筆したいのは、この漫画で描かれているようなことは、それほど「特別」なことではないということだ。「自分たちの世代はものすごい貧乏くじを引かされた」という気分は、おそらくロスジェネ以降の世代の多くに共有されている（ただ、「さとり世代」とも呼ばれるいまの20代前半などになると、「いい時代」をそもそも知らないので剥奪感はあまりないかもしれない。ちなみに山野車輪氏は団塊ジュニアの71年生まれ）。実際、この漫画に描かれているような「高齢者憎し」の主張はこれまでもよく耳にしてきた。

とくに反貧困運動が始まったばかりの10年ほど前は、現在より「若者バッシング」が激しく、貧困も「自己責任」とされがちだったため、理解のない上の世代への怨嗟《えんさ》の声は相当のものだった。デモをすれば「自分たちの職を奪った団塊世代からすべてを奪え！」と叫び出す人もいたし、年越し派遣村（2008年～09年）には、「団塊世代より上の世代から選挙権を剥奪すれば、俺らがホームレスになることなんてなかったのに……」と怒りに震える若者もいた。

何がどうしてどうなって自分たちが路上生活や出口の見えない非正規生活になってしまったのかはわからないけれど、それらは団塊世代や高齢者が悪いのだ、という「気分」は当時、一部の若者たちに確実に共有されていた。その背景には、団塊世代の親たちの多くが、高度成長の時代に確立した終身雇用のもとで定年まで勤め上げる一方、新規学卒採用は絞り込まれ、多くの若者が正社員になれなかったこと、高齢者は「弱者」として守られるが若者はどこにも守られずに一気にホームレス化してしまうこと、非正規の若者が必死で働いても親の年金よりずっと低い額しか稼げず、そのことを親になじられるというような現実もあったろう。

そんな中、私自身も高齢者バッシングに乗っかってしまいそうな瞬間もあった。しかし、そうならなかったのには理由がある。それは多くの現場に行き、支援団体と知り合い、ホームレスや生活保護の利用者、困窮している当事者と多く会ったことだ。現場には、若者よりも圧倒的に高齢者が多かったのである。当時「若者のホームレス化」が社会的な注目を集めていたが、それはこれまでほとんど若者を見かけなかった路上に彼らが出てきたからこそ目立ったわけで、数としては圧倒的に中高年以上が多いのだ。もちろん、いまも。

これ、世代間とかの問題じゃないんだな。団塊世代やそれ以上の人すべてが恵まれているなんて、全然幻想だったんだな。そう思ったことで、私は世代間対立とは距離を置いた。対立があるとしたら、持つ者と持たざる者で、世代は関係ないというスタンスとなった。

しかし、そんな私も、心のどこかで「団塊世代の親のような老後など私たちは絶対に迎えられず、野垂れ死にも普通にありうるだろうな」と思っているし、配偶者も子もない身として、「将来の生活不安」は直視したくないほどに大きい。その上、国はいまになって、年金だけでは老後の資金が不足するから200

0万円準備しろ、なんて言い出している。

だから、植松被告が井上教授に「ぼけてるんじゃないよ！」と言った気持ちが少しだけ、わかる。高度経済成長の時代を生きて、ひと通りのものを手に入れて、自分たちだけ「勝ち逃げ」しようったってそうはいかないんだからな、という気持ち。それは、おそらくロスジェネ以降の世代に刷り込まれている。あなたたちは逃げ切れるかもしれないけれど、私たちの未来は長いのだ、人生はまだ続くのだ、無責任なこと言うなよ、という悲鳴。それに対して、「日本の借金はひどいひどいと言われているけど、実はそうでもないという意見もある」とか、そういう話をしてもあまり意味がないと思う。私の中の「内なる植松」が聞きたいのは、そんな言葉じゃないのだ。

……でも、そうじゃないとしたら、どんなことなのだろう？　彼は何にあれほど苛立っているのだろう？　そこがわかれば、事件の真相にほんの少しだけ近づけそうな気がするのだ。

ちなみに残念なことに、植松被告は日本の借金を100兆円と言っているわけだが、国と地方自治体を合わせて1000兆円超というのが通説である。ひと桁多いと知ったら、彼の危機感はより深まるのだろうか？

自己責任バッシングの15年

井上教授と植松被告の面会から2カ月後、シリアで拘束されていた安田純平さんがおよそ40カ月ぶりに帰国した。

無事を喜ぶ声よりも「自己責任」という声が大きいメディアの反応を見ながら思い出していたのは、2004年、イラクで高遠菜穂子さんら3人が人質になった際に起きた恐ろしいほどのバッシングだった。イラクにボランティアなどとして入った3人が捕われ、武装勢力が日本政府に自衛隊の撤退を要求した事件である。私はあのときが、この国の大きな分岐点だったのではないかと思っている。

あのバッシングは、私にとってはまったく他人事ではなかった。なぜなら、私もその前年の03年、イラク戦争が始まる1カ月前にイラクに行っていたからである。

鮮明に覚えていることがある。それは「イラクに行く」とみずからのサイトで宣言したあと。まったく知らない人からメールが届いたのだ（当時、読者からのメールを受け付けるアドレスを公開していた）。そこには以下のようなことが書かれていた。

「戦争が起こるかもしれないからイラクに行くとか、いい身分だな。こっちは過労死しそうなサラリーマンで、イラク行くどころか休みも取れないし、そもそも戦争について考えたりする余裕なんてないし」

その手のメールは、一通ではなかった。読んだときは「そんなふうに見えるのか」とショックを受けたものの、すぐに思い直した。当時の私は物書きになって3年目。その3年前までフリーターだった。自分だってフリーターのころ、「戦争が始まるかもしれないからイラクに行く」なんて人を見かけたら、嫌味のひとつでも言いたくなっただろうな、と思ったのだ。こっちはそんな金もないし、休みを取ればその分給料が減るアルバイト生活。たった数日の休みが「家賃滞納によるホームレス化」に直結するフリーターが、悠長に他の国の戦争や「世界平和」なんて考えられるか、お前ら金にも時間にも心にも余裕あるからそんなこと考えられるんだよ、というような思い。

だからこそ、04年、高遠さんたちへのバッシングが起きたとき、そんなに驚かなかった。すごく嫌なことが起きているとは思ったけれど、この国はそういう「気分」の中にあって、みんながイライラしていて、何かがあればたちまち爆発しそうな、そんな「空気が電流を含んでる」ような感覚は確実にあったから。そして当時の総理大臣・小泉純一郎という「空気を読む天才」は、みんなの苛立ちをいち早く掬《すく》いとり、「自己責任」と言い放った。

当時のみんなの苛立ちの原因は、政治にもあったかもしれないにもかかわらず、小泉首相は「みんなが苛立ちをぶつけていい場所」を鮮やかに提示した。さあ、何か不満があるなら「正義ぶって偽善ぶった」こいつらを徹底的に叩きのめせばいい。総理大臣である私がそのお墨付きを与えよう、と。

当時は、のちに「戦後最長の好景気」と言われる時期が始まったころだった。しかし庶民に実感は乏しく、格差が静かに広がり始めていたころ。そんな中、総理大臣公認の「生贄《いけにえ》」として差し出された3人は、イラクにいるときよりもずっとひどい目に遭わされた。集団リンチが始まったのだ。いたぶり、いびり殺すような執拗《しつよう》なリンチは、しかし加害者の多くが「面白半分」だったからこそやっかいだった。加害の自覚などおそらくないのだ。あのとき、３人が帰国する空港で掲げられたプラカードの言葉を覚えている。「自業自得」「税金泥棒」と並んで「ぬるぽ」。「ぬるぽ」とは、脱力・がっかりなどを意味するネットスラングだ。

笑いながら、ふざけながら、「叩いてもいいとされている人」を叩く。「悪いとされている人」を叩くのはいちばん簡単で、タダで正義感も満たせる娯楽だ。多くの人がその「祭り」に飛びつき、エスカレートさせていった。いまのヘイトスピーチを彷彿《ほうふつ》とさせる醜悪な光景が、おそらくはじめてこの国に出現したのは、このときではないだろうか。

高遠さんたちが猛烈なバッシングに晒されていたころ、ショックなできごとがあった。親族の集まりで同席した親戚のおばさんが、テレビで人質事件の話題になった際、突然顔を歪めて「ほんっと迷惑な人たち！」と、吐き捨てるように言ったのだ。小さなころからよく知るおばさんは、優しくてほんわかした癒し系で、それまで感情を剝き出しにしたところなんて一度も見たことがなかった。しかし、彼女は怒りを剝き出しにしていた。衝撃だった。高遠さんたちが晒されているバッシングの恐ろしさの一端がわかった気がした。国際情勢や中東のことなんかまったく詳しくなくても、「われわれの税金が使われたかもしれない」という一点で、人はここまで誰かを恨むことができるのだ、と。

おばさん、どうしてそんなに怒るの？　そう聞きたかったけれど、怒りに震えるおばさんに、どうしてもその言葉を言うことができなかった。

「失われた20年」で私たちは何を失ったのか

あれから、15年。もはや「自己責任」という言葉は、政治家が言うより早く、一般の人々から上がるようになっている。

私は「失われた」と言われるこの20年を一言で表現するなら、「金に余裕がなくなると心にも余裕がなくなるという身も蓋もない事実を、みんなで証明し続けた20年」だと思っている。社会から寛容さは消え、ゼロトレランス（非寛容）が幅をきかせるなかで、「自己責任」という言葉はもはや、この国の国是のようになっている。

貧困も自己責任。過労死や過労自殺も自己責任。病気になるのも自己責任。また、寛容さが失われることの国で、凶悪犯罪は減り続けているにもかかわらず進む少年法の厳罰化。多くの人が「自分の苦しみの原因」がどこにあるのかわからないまま、「敵」を欲しがり、叩きたがる。在日、外国人、生活保護といったキーワードは常にバッシングの槍玉に上がる。

最初に「自己責任」が言われた2004年からいまに至るまで、すべてに共通するのは金だ。税金だ。

「人質の救出費用は全額自腹にして税金なんて使うな」「外国人が生活保護を受けるなんてけしからん」「生活保護利用者がこの国の財政を破綻させる」「たらたら飲んで食べて、何もしない人の金（＝医療費）をなんで私が払うんだ」「戦場ジャーナリストは自己責任なんだからそんな奴には決して税金を使うな」。「税金」という言葉を使えば、まるですべてが正当化されるかのようなロジック。が、うっすらとした不満を抱える人には受け入れられやすい「正論」でもある。

しかし、この国の多くの人が「われわれの税金が無駄に使われている！」と感じたすべてのことに怒るかと言えばそうではない。たとえば、加計《かけ》学園や森友学園が不当に優遇され、また消費税増税の一方でステルス戦闘機F35を6・2兆円で147機購入（維持費を含む）しても、政府に対して大きな非難の声は上がらない。

そんなこの20年ほどの状況を、私は「貧すれば鈍する」ならぬ「貧すればゼロトレランス」と名付けたのだが、2018年の夏、「寛容」という言葉について、あらためて深く考えさせられる事件が起きた。

それは、タイの洞窟に閉じ込められた少年ら13人の救出劇。25歳のコーチが、その日誕生日のメンバーを祝うためにみんなで洞窟に入ったものの、豪雨で出られなくなったというアクシデントだ。9日後にはダイバーによって全員の生存が確認され、17日後には全員が救出された。この救出劇には世界中の注目が集まり、日本でも連日報道されたので覚えている方も多いだろう。

そんな報道を見ていて驚いたのは、現地のタイでは、コーチを「責める」世論がほとんどないということだった。また、救出にあたり近隣の農家は、洞窟から排出される大量の水のため、田植えしたばかりの田んぼが浸水するなど大きな被害に遭っていた。しかし農家の人々は口を揃えて「少年たちを救えるなら喜んで協力する」と笑顔なのだった。

これが日本だったら。「大迷惑」「大損害」という「被害者」の怒り心頭の声が伝えられ、ワイドショーの「識者」は損害額をはじき出してみせるだろう。また、コーチには「責任をとれ」「救出にいくらかかったと思ってるんだ」「全額負担しろ」「自己責任」「日本の恥」などの罵詈雑言がネット上で溢れ返っているはずだ。しかし、タイの少年の親たちは、コーチに対して「自分を責めないで」という手紙を救助隊に託していたという。自身の子どもが、まだ洞窟の中に取り残されているなかで。

誰だって、間違えるときはある。そして誰だって、予期せぬトラブルに巻き込まれることがある。そのときに「自分を責めないで」と優しく手が差し伸べられる社会と、「自己責任だ」と再起不能なまでに叩きのめされる社会。いったい、日本とタイで、何をどうしてどうやったら、ここまでの差がついてしまったのか。なぜ、タイの人は冷たく「自己責任」と突き放したりせずにいられるのか。

この20年、この国で生きてきた私たちは何を失ってきたのだろう?

「かけがえのない命」と言われる陰でのダブルスタンダード

ここであらためて、相模原事件が起きたときに思ったことを書きたい。

事件の一報を聞いたとき、心から思ったのは、「叔母がこの事件を目にしなくて、よかった」ということだった。

事件が起きる1カ月前、肺がんで亡くなった叔母は、長らく障害者の権利向上を訴える運動に携わってきた。それはみずからの娘が知的障害を抱えていたからで、私のいとこにあたるHちゃんは、十数年前、20代の若さで短い生涯を終えた。

身体は健康だったのに、たまたま風邪の菌が脳に入ったとかそんなことで、急激に体調が悪化。救急車を呼ぶものの、「知的障害の人は受け入れられない」と病院に拒否されたのだ。自分の状況を説明できないからだという。結局、翌日に受け入れ先の病院が見つかったときはすでに手遅れの状態で、数日後には亡くなった。

私は彼女の死に、いまに至るまで責任を感じている。彼女が風邪を引いたのはお正月。私は東京から北海道に帰省し、毎年そうしていたように、彼女の家を訪ねていたからだ。この時点で、菌は脳に近づいていたのだろう。Hちゃんのまぶたはすでにパンパンに腫れていた。しかし、お正月で病院は休み。その上、誰もそれが命にかかわるようなものだなんて思ってもいなかった。だけどもしあの日、私が家族とともに彼女の家を訪ねなかったら。叔母はわが子を救急病院に連れて行ったのではないかと思うのだ。私さえ帰省しなければ。Hちゃんの家に行きたいと言わなければ。そんな後悔は、いまもある。

話を戻そう。

事件では19人の命が奪われた。あまりにもむごく、いまでも信じられない思いだ。同時に、報道などで

ことだけが人間の命ではない」と述

この国には、このように、命に対

軽くあつかわれているのは障害者の命だけではない。「健常者」だって過労死するまで働かされ、心を病むまでこき使われ、いらなくなったら使い捨てられる。その果てに路上にまで追いやられた人を見る人々の視線は、優しいとは言いがたい。

事件から3日後、犠牲になった方々が生活していた津久井やまゆり園を訪れた。

山を切り開いたような住宅街の中、緑に囲まれたのどかな場所だった。被告の住む家は、そこから車でわずか5分ほど。深夜、被告はどんな思いで車を走らせ、施設に向かったのだろう。コンビニさえあたりにない寂しい集落で、彼の悪意はどのように熟成されていったのだろう。

「死刑になりたかった」のではない。「誰でもよかった」のでもない。彼は衆院議長への手紙で、「日本国と世界平和のために」とまで書いている。

「イス取りゲーム」から剝き出しの生存競争へ

2007年、世界各国で、貧困問題への意識調査が行われた（The Pew Global Attitudes Project）。

そこで、「自力で生きていけないようなとても貧しい人たちの面倒をみるのは、国や政府の責任であ

くりかえされる「かけがえのない命」「命は何よりも大切」という言葉に頷《うなず》きながらも、ふとした違和
も覚えた。この社会は、果たして本当に「命」を大切にしてきたのだろうかと。

「ああいう人って人格があるのかね」

「ああいう問題って安楽死なんかにつながるんじゃないかという気がする」

この発言は99年、東京都知事になったばかりの石原慎太郎氏が、障害者施設を訪れた際に発した言
だ。一方、2013年、麻生太郎副総理は高度医療問題に触れ、「死にたいと思っても生きられる。政
の金で（高度医療を）やってもらっていると思うと寝覚めが悪い。さっさと死ねるようにしてもらうなど
いろいろ考えないと解決しない」と発言。同年、テレビ番組に出演した石原伸晃衆院議員は、生活保護
あらわすネットスラングの「ナマポ」という言葉を使ったあと、「尊厳死協会に入ろうと思ってる
す」などと発言した。

「かけがえのない命」と言われる一方で、その命は常にお金と天秤にかけられる。費用対効果などと
う言葉で「命」は時に値踏みされ、いかに利益を生み出したかが、人の価値を測る唯一の物差しとなっ
いるかのような社会。

ちなみに、これまで障害者の事故死などをめぐる裁判で、かれらの逸失利益（将来得られるはずの収入など
は「ゼロ」と算定されるケースがままあった。重度障害者の場合、「働けない」とされてしまうから
逸失利益ゼロを不当として提訴した障害者の母親は、「生きている価値がないの」と屈辱的だった。

えられる」なんてうわさも飛び交っている。しかも、イスを乗せた床はどんどん沈み、浸水しはじめているような状況。それが、この国の多くの人たちの心象風景ではないだろうか。

過酷なサバイバルに勝ち抜かないと、生き残れない。誰かを蹴落とし続けないとリアルに死ぬ。この20年くらい、そんな危機感に多くの人が追い立てられている。毎日、毎分、毎秒。人生も、近い未来も人質にされている。みんなが崖っぷちで、「手を離したら死ぬ」と思い込まされている。そんな中、人に優しくなれるはずなんてないし、余裕など持てるはずもない。

そういえば、10年前はよく耳にした「トリクルダウン」なんて言葉も、とっくに死語になったようだ。「金持ちが豊かになれば貧乏人にも滴《したた》り落ちる」どころか、金持ちがどれほど豊かになろうと、貧乏人は貧しくなり続けることはこの20年で証明された。同じく10年くらい前によく聞いた「社会的包摂」なんて言葉も長いこと聞いてない。この10年で、この社会は何かを諦めた。きっと、とても大きなものを。

＊3……前田晃平「自己責任論VSみんなで支え合う論。経済的にお得なのはどっち？　データに基づいて検証してみた結果…」(http://note.mu/cohee/n/n43fa35404987)

そんな状況だけど、希望もある。

事件後、私がそれを最初に感じたのは、あの事件を受けて開催された障害者の集会でのことだった。

会場前方には車いすに乗った人など、多くの障害者が集まっていた。そうして客席に座る多くが、健常者と思われる人々だった。そんな中、知的障害があるという40代の女性がマイクを握り、言った。

「みなさんの中に、生まれ変わったら知的障害になってもいいという人はいますか?」

女性がそう問いかけると、満員の会場はシンと静まり返った。

「それとも、いまと同じがいいですか?」

客席を見渡して、ひと呼吸おくと彼女は言った。

「私は、生まれ変わっても障害のある自分がいい」

そして、近くに座る車いすの男性に聞いた。

「障害がある自分が好き?」

男性は、はっきりと「好き」と言った。

生まれ変わっても、いまの自分がいい。

彼女が口にした言葉を聞いて、曇っていた視界がパッと開けたような思いがした。恥ずかしながら、「生まれ変わったら」という問いの答えは、「障害がない自分になりたい」だと思い込んでいた。そんな自分の発想の貧しさに、顔がほてった。

だけど、障害があろうとなかろうと、いまの世の中には「このままの自分」でいることが「罪」とされるような空気が満ちている。常に上をめざすべきだとか、いまの自分に満足しているようじゃ向上心が足りないとか。そうしてみんな、「ありのままの自分」を好きになれずに苦しんでいる。

それなのに、どうだろう。

マイクを持つ女性は、「いまのままの自分が好き」と、嬉しそうに話している。グループホームで暮らし、作業所で豆腐を作り、お客さんを接客するなかで「遅い」と文句を言われて傷ついたりしながらも、そんな自分を丸ごと受け入れている。

そんな彼女を見ながら、思った。

植松被告は、きっと自分のことが好きではなかったんだろうな、と。

「そのままでいい」どころか、「いまのままじゃダメだ」って言われ続けてきたのかもしれないな、と。

だとしたら、私は会ったことのない植松被告に、どんな言葉をかけられるだろう。それは私自身の「内なる植松」との対話でもある。

ここまで書いてきたような問題意識をテーマとして、6人と語り合った。あの事件や、いまの社会について一人で考えるたびに、「この人と話したい」と頭に浮かんだ6人だ。

ぜひ、一緒に考え、感じ、あなたの言葉にしてほしい。

序章は以下の記事を大幅に加筆し再構成した。
「植松被告がキレた理由　『日本の借金』を、なぜあれほど憂えるのか」（「マガジン9」２０１８年10月17日）
「貧すれば、ゼロトレランス　14年前の『自己責任論』から振り返る（「マガジン9」２０１８年11月7日）
「相模原障害者施設殺傷事件　差別の芽ないか心配ろう　『命』二重基準まかり通る」（共同通信配信、２０１６年7月30日）

神戸金史×雨宮処凛

第1章

植松被告は私に「いつまで息子を生かしておくのですか」と尋ねた

あの事件が起きてすぐ、「障害を持つ息子へ」という文章を読んだ。重度の自閉症である長男に、実は障害がなかったことに安堵するという夢を何度も見てきた、という告白から始まる文章は、事件後ネット上で瞬く間に拡散された。その文章を書いた神戸さんは現在、記者として植松被告との面会を重ねている。彼らの間で、どんな言葉が交わされているのか。

神戸金史（かんべ・かねぶみ）
ＲＫＢ毎日放送報道局次長兼東京報道制作部長。毎日新聞を経てＲＫＢ毎日放送へ。「うちの子～自閉症とその家族」「シャッター～報道カメラマン 空白の10年」などのドキュメンタリーを制作。著書に『雲仙記者日記』（ジャストシステム）、『障害を持つ息子へ』（ブックマン社）。

雨宮　神戸さんは相模原の事件を取材して、植松被告とも面会を重ねているんですよね。

神戸　はい。私自身、息子が重度の自閉症という障害を持っているので、事件を他人事とは思えませんでした。

雨宮　事件が起こったとき、どんなふうに感じられましたか。

神戸　私は福岡のＲＫＢ毎日放送の記者ですが、現在は東京報道制作部長として単身赴任をしています。着任したのが２０１６年４月で、その年の７月に事件が起きた。第一報を聞いて、大変なことが起きたと思って、ＴＢＳに駆けつけると局の中も大騒ぎです。そのうちに、容疑者である植松が「障害者には生きている意味がない」といった趣旨の供述をしているということを聞いて、胃の腑《ふ》が締め付けられるような、ゾッとする恐怖を覚えました。

しかし同時に、こういう事件が起こるべくして起きたとも思いました。それは、弱者の切り捨てを「仕方ない」と容認する風潮が、すでにこの社会には一定程度広がっていると感じていたからです。事実、インターネット上には「実際に手を下した植松は許されないが、そう考えるのも理解できなくはない」といった反応が少なからずあった。それも非常に私にはこたえました。

雨宮　そうでしょうね。

記者として、障害を持つ子の親として

神戸　一方で、メディアの人間として、事件の報じ方にも違和感がありました。被害者たちが匿名の顔の見えない存在にされている反面で、加害者の供述だけがさかんに報じられる。通常の事件報道と違い、被害者やその家族が当事者としての憤りを表明することができないまま、加害者側の言葉だけがメディア上でリフレインされ、それに対するカウンターの言葉がない。報道の仕事が憎悪を拡散させることにしかなっていないことが、ジャーナリズムの一員として非常に苦痛でした。

だから、何日かしてからFacebookに「障害を持つ息子へ」という文章[*1]を投稿したんです。私が障害者の家族として悲しみや怒りや憤りをぶつけても、植松のような憎悪を向ける人々にはきっと届かず、むしろ喜ばせるだけでしょう。

雨宮　「何もわかっていない」と。

神戸　そうです。彼はきっと、弱い立場の人を殺《あや》める行為を通じて、世の中になにかメッセージを発信しようとした。それに対して怒るということは、むしろ彼の望むところになってしまう。だから、そうではない文章を書こうと思ったんです。

その文章の中で私は、息子が生まれてからの17年間に私がどんなふうに悩み、どんな考えを持つようになったかを書きました。投稿したのは深夜でしたが、翌日には数百件もシェア（転載）され、ネットメディアのBuzzFeed JapanやＴＢＳテレビの「ＮＥＷＳ23」でも取り上げられることになりました。予想外の反響でしたが、これだけの反響があったのは、社会があの事件に対するカウンターの言葉を探していたからだと思います。投稿の中で事件のことには一言も触れていないのに、あれだけ拡散したということは、きっと社会がそれを求めていたのだろうと。意図したわけではありませんでしたが、そういう言葉を発したかったということは事実です。

＊1……http://www.facebook.com/photo.php?fbid=1226968977336009　のち『障害を持つ息子へ』（ブックマン社）に所収。

植松被告からの手紙

雨宮　その後、植松被告と面会を始めたんですね。

神戸　はい。２０１７年の11月にはじめて手紙を出しました。それに先立って、ＴＢＳの西村君という記者が植松被告と5回にわたり面会し、２０１７年10月に「報道特集」で20分の特集にまとめました。私も記者のひとりとして、この事件と少なからずかかわりを持っているのに、会わなくていいのだろうかと考えました。正直に言えば、それまで逃げているところもあった。障害児の親として、この事件を直視するのはやはり苦痛がありました。しかし、そう言っていてはいけないのかもしれないと思って、手紙を出しました。それに対する返事がこれです。

「やまゆり園はいい職場でしたし、すっとんきょうな子供の心失者をみると笑わせてくれます。子供が可愛いのは当然です。ですが、人間として70年養う為にはどれだけの金と人手、物資が奪われているか考え、泥水をススり飲み死んで逝く子どもを想えば、心失者のめんどうをみている場合ではありません。」

「目の前に助けるべき人がいれば助け、殺すべき者がいれば殺すのも致し方がありません。」

「重い障害を持っている子の親に、こんな話しは誰もしたくありません。もちろん自分の子どもが可愛いのは当然かもしれませんが、いつまで生かしておくつもりなのでしょうか。」

雨宮　絶句する言い分ですが、手紙を見ると、思いがけず、字がきれいですね。女性の字みたいです。

神戸　私が事件の3カ月後に出した著書『障害を持つ息子へ』も送ったのですが、その中に、私が福岡で放送したニュースの中で発言した言葉が出ています。

「植松容疑者には、愛した人はいなかったのでしょうか。愛する人が突然の不幸に遭ったときに、『もう生きている必要はないよ』と言うでしょうか。」

植松被告が描いた
「心失者」のイラスト（上）
と手紙（下）

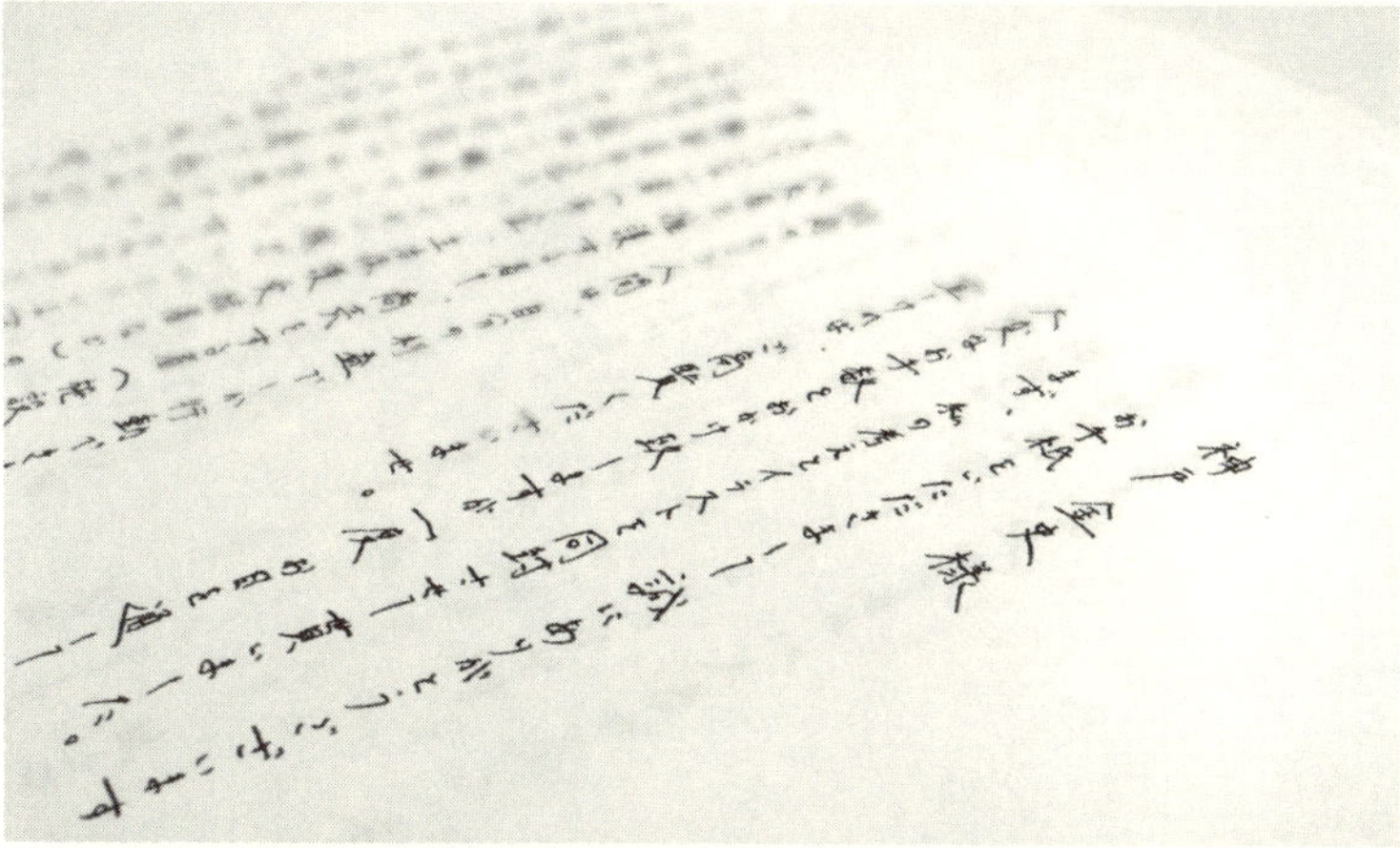

これに対しても彼は、「そのような考え方は虫酸が走ります」と書いてきました。

雨宮　ああ……。

神戸　彼は障害児を育てる親の苦悩について、死にたいと思っている親御さんがいるのだから、「大至急、彼女達を苦しめる化け物を殺してあげたい」と書きました。この最初の手紙では、たんに私の本に対する反論だと思っていたのですが、その後面会を続けるうちに違った見え方が生まれました。それで、3回めの面会のとき私は、ひとつの想像を彼にぶつけてみました。

「あなたは、もしかすると、障害児を育てるのに苦しんでいる母親を救いたいと考えたのではないですか」と。すると彼は、「はい」とうなずいたのです。

そう思ったきっかけを聞くと、やまゆり園に入所していた知的障害者がずっと走り回っているのを見て、母親の大変な負担を感じた、と答えました。

続いて次のように質問しました。

「あなたは、『役に立つ人』と『役に立たない人』との間に線を引いて、人間を分けて考えているようですね。もしかするとあなたは、自分は役に立たない人間だと思っていたのではないですか」

植松はそれに、「たいして存在価値がない人間だと思っています」と答えました。

さらに私は「もしかすると、あなたは事件を起こしたことで、自分が役に立つ人間の側になったと考えているのではないですか」と尋ねました。すると彼は少し微笑んで、「少しは、役に立つ人間になったと思います」と答えたのです。

雨宮　役に立つ人間になれた……。

神戸　植松の犯行動機の核心はここにあると思っています。彼は悪いことをしたとはまったく思っていない。みんながタブーとして言えないこと、実行できないことを代わりにしてあげたのだと。

雨宮　事件前に衆議院議長に宛てた手紙にも、「世界経済の活性化のため」といったことを書いていたそうですね。自分が世界を救うというような誇大妄想も感じる一方で、自分がどれだけ役に立つ人間かということをアピールしているようにも読めます。

植松被告が見せた弱さと反撃

神戸　ただ、2019年2月の5回めの面会のとき、彼は少し憔悴《しょうすい》して見えました。「拘置所の中は楽しみがない、ご飯がまずい」と愚痴るように私に言いました。以前、外にいたときの楽しみは「おいしいものを食べること、大麻を吸うこと、それとセックス」だと言っていたので、やや残酷かもしれませんが、「あなたはその三つのどれも、二度と体験できないのではないですか」と言いました。しかし、すると、少しだけ言葉に詰まって「その点では、少し後悔しています」と言いました。しかし、すぐに「でも、気づいてしまったのだから仕方がない」と続けた。「仕方がない」とは、彼がくりかえし言っていることです。

雨宮　仕方がない、なんだ……。

神戸　彼は、皆が心の中では思っていても口に出せないことを代わりに実行してあげたと思っていて、世の中に称賛されるつもりでいたのかもしれません。

その2週間後にまた面会に行くと、これまでとようすが違いました。唐突に彼は、その前年に東海道新幹線の中で起きた殺人事件の話を始めました。男がナタで女性の乗客に切りつけ、止めに入った乗客の男性が殺害された事件のことです。彼はこの乗客を褒め称え、「意味があるから仕方ないと思うんです。楽しいことより、しなきゃいけないことがあるんです」と言った。つまり、彼と同じように、自分も正義感から障害者を殺したと言いたいのです。

雨宮　あぁ……。

神戸　このときは、明らかにこれまでと彼のようすが違って、激しい言葉で私に食ってかかってきた。

「身内に障害者がいる人は、正常な判断ができないんです。そろそろ現実見ましょうよ」

「いい加減、考えましょうよ、みんな。現実をみれば安楽死は必要ですよね。それどころじゃないんです。日本の現実を見たら、それどころじゃない。先のこと考えたら、そんな場合じゃないんです」

おそらく、前回の対話で私に弱みを見せてしまったという思いがあり、やり返すつもりで準備をしていたのでしょう。私が書いた本を読み込んで、それに対する反論を考えてきた。

私の息子について「いま現在殺せとは言わないけれど、もっと幼いころに安楽死させておくべきだった」とも言いました。本の中で、息子とほとんど意思疎通のできなかった2歳くらいのころを振返って、妻が「発作的に、殺してしまうかもしれないと思った」と語ったことがあったと書きました。彼はそこを見つけて、そのとき安楽死させておけばよかったと言ったのです。

たしかに、幼いころの息子はほとんどコミュニケーションがとれず、少しでも目を離すと駆け出すので、親の私たちも気が休まる暇がありませんでした。ですが、障害を持つ子も、ゆっくりではあっても成長します。私たちも、息子とのコミュニケーションの方法をお互いに学び、しだいにできることが増えてきました。現在は20歳になっていますが、ＬＩＮＥで会話することもでき、福祉サービスの事業所に楽しそうに通っています。

私はそういうことも伝えましたが、植松被告は「（育てるのに）かけた労力に釣り合っていない」と一言で切り捨てました。「そんなのは余計なお世話だと言う障害児の親もいるはずですよ」と反論すると、「それは精神が未熟だっていうことの証拠ですよ」と言いました。

雨宮 精神が未熟……。

神戸 おそらく、この言葉は用意していたのでしょうね。

雨宮 神戸さんの心に打撃を与えるために。

神戸 そうです。接見の最初から、頬のあたりがヒクヒクしていて、何かいつもと違うなと思っていたのですが、後から考えて、そうか、あれは敵意だったのだと気づきました。そのことで、在日コリアンへのヘイトスピーチなど、突如剝き出しの敵意を向けられた人の気持ちがはじめてわかったように感じました。そこから、この事件だけでなくヘイトスピーチや、ＬＧＢＴを「生産性がない」とした議員、「そうだ難民しよう」というイラストを描いた漫画家なども含め、「自分たちと違う人間に線引きをして敵意を向ける行為」をテーマにしたラジオドキュメンタリー「ＳＣＲＡＴＣＨ　差別と平成」をつくったのです。スクラッチとは、地面にがりがりと線を引くことを意味しています。

「気づいてしまったからには仕方がない」

雨宮　お話を聞いていると、植松被告はすごく病的というか、常軌を逸した思考をしているように思えるんですが、実際に面会した印象はどうなんですか。

神戸　病的な印象はまったくないですね。至って普通の青年という感じです。

雨宮　そうなんですね……。

神戸　むしろ礼儀正しい印象です。

雨宮　精神鑑定が現在されていますよね。

神戸　ほぼ終了して、来年１月からは裁判が始まります。途中まで報じられていたのは、「自己愛性パーソナリティ障害」という診断でした。自己顕示欲とか、自分を認めてもらいたいという感情が人一倍強いという人格だとされます。でも、そういう感情は人間誰しもあるものですよね。傾向としてそれが過大だというときに障害という診断名がつくのだと思いますが。

彼はその診断名がついたことに反発していましたね。「自分は障害者じゃない」と。

雨宮　彼らと自分は違うんだと言いたいんですね。植松被告は、「自分はたいして役に立つ人間ではなかった」と言っていたそうですが、障害者施設で働いていたことは、彼にとって「人の役に立つ仕事」ではなかったんでしょうか。

神戸　尊敬する父親と同じ教師になれなかったことが、ひとつの挫折ではあったようです。父親が事件のために教師を辞めざるを得なかったことについて聞くと「申し訳ないと思っている」と言いました。それでも「気づいてしまったからには仕方ない」とくりかえし言いました。

雨宮　やっぱり、自分が正義を実行しているというつもりなんですね。

神戸　そうですね。けれど、彼には決定的に欠けているものがある。「障害児のお母さんがかわいそうだから代わりに殺してあげたのだ」と主張しても、実際にそのお母さんに「殺してほしいですか」と聞いたわけではない。全部彼の頭の中の思い込みです。

パニックを起こして走りまわる子どもをどうすることもできないお母さんを見て、大変そうだと思ったと言う。でも、そのお母さんに「大変ですね」と声をかけたりした形跡はない。殺すなんていう重大な決断をする前に、本人の気持ちを確かめようという発想はどこにもないのです。私の妻も、「発作的に息子を手にかけてしまうかもしれなかった」と当時を振り返りました。でも、人間の感情というのは複雑で、その時その時いろいろに変わるものです。あるときに限界だと思ったとしても、時間がたてば、ささやかな成長に喜びを見出して、またがんばろうと思うことができたりする。人間ってそういうものですよね。

それなのに、ある一時のシーンだけを切り取って、「あの子のお母さんは殺してほしいと思っているに違いない」と判断する。そこには対話がありません。彼は自分が「気づいてしまった」とくりかえしていますが、それが一面かもしれないという想像力がない。

雨宮　彼が優生思想的な発言をするようになってから、友人の中にはそれを否定して、殴ってでも彼の考えを変えさせようとした人もいたと聞いています。でも彼は、それを受けとめられなかったんですね。

神戸　基本的に植松被告は本を読んできていないようだし、わからないことを知ろうという意欲も感じられません。障害者施設に勤めていたのに、自閉症やその他の障害の特性をほとんど知らないことにもあらわれています。もうひとつ、驚いたのは、福祉施設での仕事を「あんなに楽な仕事はない」と言っていたことですね。「ただ見ているだけの仕事だから」と。

雨宮　実際に障害を持つ人の介助もしていたわけですよね。楽だとは、あまり思えないのですけど……。

神戸　言われた仕事はこなしても、入所者のニーズに合わせた支援といったことは考えたことがなかったのでしょう。

雨宮　障害について少しでも関心があれば、障害を持つみずからの子を殺してしまった母親に対して「母よ、殺すな！」と脳性麻痺当事者たちが声を上げた「青い芝の会」のこととか、ナチスの優生思想のことなんかも知る機会があっただろうと思うんですが。

神戸　そういうことに、はなから興味がないという感じですね。障害者を安楽死させるべきだという思いつきを同僚に話したところ「それではヒトラーの考えと同じだ」と叱られた。そこではじめてナチスが障害者を大量殺害した事実を知ったと言っていました。

雨宮　じゃあ、「ヒトラーの思想が降りてきた」という供述も後付けだったんですね。

神戸　むしろ、影響を受けたのはトランプ大統領だと言っていましたね。彼はすごい、と。

雨宮　それはどういう意味でですか？

神戸　タブーとかポリティカル・コレクトネス（政治的正しさ）を恐れず、みんなが内心思っている本音を言うことで社会を変えようとしている、と。自分もそれをやったのだと言っていました。

雨宮　そうなんですか……。

連綿と続く「タブー破り」の系譜

雨宮　相模原事件のすぐ後（9月）でしたが、アナウンサーの長谷川豊氏が「自業自得の人工透析患者なんて、全員実費負担にさせよ！」とブログに書いて問題になりました。そういう優生思想や差別に結びつくような発言の問題というのは、いまに始まったことではないんですよね。さかのぼると、私が最初に驚いたのは、1999年の石原都知事（当時）が障害者施設を訪問して言った「ああいう人に人格はあるのかね」という発言でした。麻生太郎氏も、「たらたら飲んで食べて、何もしない人の分の金をなんで私が払うんだ」などと、生活習慣病の患者や高齢者に対する差別的な発言をたびたびくりかえしています。

そう考えてみると、ずっと前からそれに類する発言はあったのに、なぜか「石原節」「麻生節」などと、キャラクターや一種の芸風のような扱いをされて大きく問題視されずにすんできた。むしろ「彼らは建て前のきれいごとではなく、タブーなき本音をズバッと言っている」というような賞賛の対象にすらなってきたと思います。

神戸　かつてのビートたけしも、年寄りをいじるような毒舌を売りにしていましたが、それはあくまで芸としてだったと思います。石原都知事もたぶん「芸」としてやっていたのでしょうが、社会がそれを容認してしまった。漫才やコメディといった世界の「芸」として許されていたものが、公的な立場の政治家に対しても認められてしまったことで、社会のたがが外れるきっかけになったように思います。石原氏の「三国人」発言も、普通の政治家ならば職を失って当然の差別発言でした。しかし深く追及されないままになってしまった。

雨宮 結果として、20年を経たいまや、建て前を建て前として言うことすら憚られるというか、「命は大切にしましょう」「人間はみな平等です」といったことを言うと、なにか愚かで現実をわかっていない人の発言かのような空気が生まれてしまった。それの行き着いたところがトランプなんだと思うと、数十年がかりでこの事件の下地は作られてきたのではとも思います。

神戸 実際に植松被告は、障害者福祉に税金を使うことには前提として社会的合意があると私が指摘すると、「だから国が間違っているんです。民主主義なんてものは建て前で、お遊びなんですよ」と言っていました。

雨宮 根深いですね……。どうして、いつからこうなったのでしょうか。

神戸 やはり戦後50年というのはひとつの転機だったように思います。アジア太平洋戦争と、その敗戦を経た民主化という歴史を当事者として体験した世代が減ってきて、そこにあった教訓が忘れ去られはじめた。「戦争は嫌だ」とか「国は国民に嘘をつく」といった認識が、かつては保守の側にも共有されていました。自分の親や祖父が戦争に行った世代であれば、どこかでそういう感覚を学び取っていたと思います。しかしやはり、世代がひとめぐりし、戦争体験を持たない世代が社会の主流になると、かつての反戦平和や人権といった主張は建て前として形骸化し、それを突き崩すタブー破りのほうに爽快感を見出してしまう。戦後50年である95年を境目に、『新・ゴーマニズム宣言Special 戦争論』（98年）がヒットし「新しい歴史教科書をつくる会」（96年結成）のような歴史修正主義の流れが台頭してきたことには、共通の土台があると思います。石原都知事のさまざまな差別発言が、ある意味もてはやされたのも同じ風潮によるものでしょう。

雨宮　序章にも書いたように、私のいとこにも知的障害がありました。そのことによって病院に受け入れを拒否され、亡くなってしまいました。私が社会的弱者の問題に目を向けるきっかけは、このいとこの死でした。

ですが、思い起こすと彼女のお父さんは石原都知事のファンだったんですね。石原氏が過激な発言をすると「よく言った!」「いいぞー!」と手を叩いて喜ぶような。おそらく彼は、石原氏の障害者差別発言を知らなかったのだと思いますが、彼のような、ある意味善良な市民が石原氏の発言に快哉を叫んでしまうということに、複雑な思いがありました。

そういう言説が20年かけてどんどん一般化して、いま社会を完全に覆い尽くしているなかで、究極的に起こったのがやまゆり園の事件なんじゃないかと思います。

戦後民主主義的な正しさへの敵意

神戸　私自身の体験からいえば、新聞やテレビの報道の中で、反戦・平和を扱ったときの反応が顕著に変わってきたのを肌で感じています。とりわけ戦後70年の2015年以降、明らかに視聴者から反発を受けるようになった。「自虐的な報道をやめろ」と。

二度と戦争をしてはいけない、平和がいいというのは、戦後日本の国是ともいうべき共通の感覚だったと思います。日本国憲法は押し付けだと言っている保守層でさえ、もう一度戦争を起こしたいなどとはまったく思っていなかったはずです。

私たちメディアの人間も、8月だけでも戦争のことはきちんと扱おうと思ってやってきた。それは「8月ジャーナリズム」と揶揄《やゆ》されるような形式的な面もありましたが、それでも最低限、終戦記念日の前後には、戦争をテーマとして扱うことがメディアの義務だと思ってやってきたわけです。

しかし、そうした報道がきちんと視聴者に伝わっていたのかと自問せざる得ません。戦後60年の2005年にはうっすら感じる程度でしたが、戦後70年の2015年のときは、はっきりと「偏向報道をやめろ」と視聴者から抗議がくるようになった。それまでなかったことでした。

こうした空気は、埼玉の公民館で「梅雨空に『九条守れ』の女性デモ」という俳句が掲載を拒否されたことや、憲法に関するさまざまな集会に公共施設を利用できなくなったことなども通底していると思います。戦後ずっと続いてきた平和主義や民主主義、それを肯定する教育や報道といったものに対して、おためごかしだと軽侮する側のほうが世論の支持を受けるようになった。

私たち報道の人間は、形式的と見られてもやるべきだと思ってやってきたわけですが、それが形式主義のポリティカル・コレクトネスだと受けとめられるようになった。そこは重大な反省の必要があると思います。教師や記者自身が本気でその必要性を感じていなければ、形式的に語っても伝わりませんよね。そういうところへ、インターネットがマスメディアに対抗するアンチの言説を広める土壌を与えた。ちょうど95年はWindows95が出た年ですね。

雨宮　私自身、95年にちょうど20歳でフリーターで、バブル崩壊後の不況の中、この先どうしていいのかわからなかった。親や先生から教えられていた「がんばれば報われる社会」が終わった中で、本気で政治や社会のことを考えたいと思っていたとき、たまたま出会った作家の見沢知廉《ちれん》さんに連れられて右翼の集会に行ったことがきっかけで、97年ごろに右翼団体に入りました。

その翌年に小林よしのり氏の『戦争論』が出るんですが、同じ右翼団体に入っていた同世代の多くが、自分が受けた学校教育に反発していた、というのもひとつの特徴でしたね。私は北海道で日教組バリバリの先生から平和教育を受けましたが、その先生自身がすごく差別的な発言をするし、体罰もすさまじくて、生徒間のいじめも放置していたんですね。あまりにダブルスタンダードじゃないかという反発が根っこにあったと思います。

受験競争も厳しくて、とにかく努力していい大学に入れば報われると言われてきたのに、社会に出てみれば就職先はなくフリーターで、気がつけば外国人労働者と最低賃金競争をしているような状態。そういうときに、「学校で教えられてきた建て前なんて、ぜんぶ嘘だったじゃないか」という裏切られ感があったと思います。ある意味で、「教科書が教えてくれない歴史の真実」や靖国史観的なものが入る隙間だらけだった。

神戸　戦後民主主義的な正しさに対する反発とか苛立ちですね。戦後教育の中で、こうあるべきだと押し付けられてきたものの欺瞞に対して。

雨宮　ええ。平和も人権も平等も、自分たちの首を締めるものにしか見えなかった。そういう鬱屈の中で『戦争論』のような言説に出会って、一気に自分と国家とが結びついてしまうと、すごい高揚感があったんです。

歴史修正主義と相対主義

神戸　私は大学で歴史学をやってきたこともあって、歴史的事実とは無縁な、そういうナショナリズム的風潮に対してすごく意識はしていたのですが、当時は記事に書くことはできませんでした。なぜかといえば、「紙面や電波が汚れる」と思っていたんです。

雨宮　汚れる！

神戸　書くことによって、むしろ誤った歴史を広めてしまうことにもなりかねないと思っていました。歴史修正主義の動きをウォッチはしていても、あまりに荒唐無稽なこともあり、とても記事には書けないと思っていました。

2007年に福岡で、知り合いに誘われて日本会議系の集会に連れて行かれたことがありました。出席しているのは多くが高齢者でしたが、「南京虐殺はなかった」とか、荒唐無稽な内容に驚きました。そのとき私は、歴史の潮目が変わる、その波頭を目にしていたのだと思います。そのときに報道してアラートを鳴らすべきだったと、いま振り返って思います。

雨宮　いまや、そちらのほうがメインストリームになりつつありますからね。

神戸　荒唐無稽に見える主張でも、10年経てば一定定着するという危機感が必要だったと思います。10代でそれに触れた若者が、10年たてば有権者の一定のボリュームを形成する。

雨宮　それも、当初は歴史認識の問題だったのが、だんだん嫌韓・嫌中など単なる人種差別のほうに傾いていって、それに対するカウンターの言説がなかなか届かない状態です。

神戸　歴史修正主義の手法というのはほぼ共通しているんですね。学術的にほぼ評価の定まった史実に対して、それを否定するような証言とか証拠をひとつ提示する。「ほら、こんな証拠があるぞ」と。しかし、その史料が仮に存在したとしても、他の無数の証拠や証言が否定されたことにはなりません。たとえば、その証言が誰によるものか。後世の創作ではないのか、特定の意図を持ったものではないのか。そうしたことを検証し、他の証言や証拠と比較して、おそらくはこうだっただろうという史実を見極めていく。その場合、自分の主張に都合のいい史料であればあるほど、疑いをもって批判的に検証しなければならない。史料批判といって、歴史学の一丁目一番地です。これが歴史修正主義者にはまったく抜けている。

雨宮 右派の人たちが言う「歴史の真実」は、まさにそうですね。

神戸 いわば、自分の家の家計を根拠に日本全体のマクロ経済を論じるようなものですが、残念ながらこの論法が幅を利かせてきた。そんなミクロの反論をいちいち批判しなくても、マクロの史実は変わらないと歴史学者が甘く見ていたからだと思います。最大の問題は、なにか一点の矛盾や新しい史料を示すことで、全体の史実の評価を相対化できたかのように見えてしまうことです。

雨宮 相対主義ですね。

神戸 教育の世界と同じく、歴史学の世界でもある時期、マルクス主義的な歴史観が主流を占めてきました。それに対する反発が、歴史修正主義として噴出してしまった面はありそうです。

前の世代に対する反発や異議申し立てというのは、常にどの時代にもあります。かつて学生運動の時代には、戦中世代の親に対して、戦後生まれの世代が「なぜ戦争を止めなかったんだ」と責任を追及しました。それは若さゆえの残酷さではありますが、60年・70年安保の基軸にはそれがあったと思います。しかし、いま起きている変化というのは、そうした側面もありつつも、もっと大きな変動の一部なのではないかとも思います。戦後70年を過ぎて、大きな変化のうねりが来ています。

自己責任論とバッシング

雨宮　少子高齢化が進む中で、日本の財政が危機に瀕《ひん》していて、社会保障を持続可能なものにするためには一定程度福祉を切り下げたり、不要な延命治療はやめろとか、命の選別も仕方がないといった言説が強まっていると感じます。むしろ、そういう主張のほうが国の将来を考えた責任ある見解だ、というような。それについてどう思われますか。

神戸　2003年に発達障害者支援法という法律ができて、それまで障害には知的・身体・精神の三つの種類しかないとされていたものが、それらと重なる形で発達障害というカテゴリーが法的に明記されました。ここはひとつのメルクマールだったと思います。つまり、当時はまだ超党派でこうしたことが可能だった。建て前であれ、そうした困難を抱える人のために法律をつくろうという意識が、自民党も含めてあったということだと思います。

その前の2002年に日韓共催ワールドカップがあり、2ちゃんねる（当時）などで現在のネット右翼の源流になるような言説が生まれていた。いわば、表面上は日本と韓国が融和するという建て前を持ちながら、水面下ではそれに対するバックラッシュが渦巻いていた。それがこの時代だったと思います。

雨宮　『マンガ嫌韓流』の出版が2005年ですが、実際に描かれたのはその数年前だとされていますね。2004年にはイラク人質事件が起きて、被害者に対する苛烈なバッシングが表面化しました。

神戸　そこで言われたのが「自己責任」。これは、小泉政権で掲げられた新自由主義的な構造改革のスローガンでもありました。

雨宮　「政府の方針に反して危険地域に行った左翼活動家を、われわれの税金で助ける必要はない」と、お金の話も絡められていましたし、「北朝鮮のミサイルや拉致問題があるから、イラク攻撃を支持するのもやむを得ない」というのもよく言われました。いまにつながる言説の原型が生まれた時期だったように思います。

神戸　このころがやはり転機のひとつでしたね。そして2005年の戦後60年を迎えます。

「軍隊は自国の国民にさえ刃を向けることがある」というのが先の戦争から日本が得た教訓だったと思います。しかし、歴史修正主義の運動の「成果」もあって、そのことがきちんと継承されていない。その結果、若い世代には自国の政府や軍隊（自衛隊）に対する素朴な信頼があり、北朝鮮に対抗するには強い軍隊が必要だ、といった単純な議論になってしまう。ひとつ間違えば、その銃口が自分にも向けられるかもしれないという過去の教訓が共有されていません。

そういうことが、米軍基地や自衛隊に対する沖縄と本土の皮膚感覚の差を生んでいると思いますが、それを知らない本土の人間は、沖縄に対しても冷淡になるでしょう。

雨宮　2002年に北朝鮮との間で日朝会談が行われて、拉致問題が大きく焦点化されました。そこから、北朝鮮に対するバッシングがメディア上でも強まって、そこにはあの国を滑稽なものとして嘲笑するものが多分に含まれていたと思います。当時「ブラックワイドショー」という深夜番組で、毎週のように北朝鮮ネタをやっていたのを覚えています。深夜番組でしたが、テレビでこれほど堂々と他国を嘲笑していいというスタンスは、なにか現在のヘイトスピーチにつながる感覚があります。一部の人に、確実に「お墨付き」を与えたような。

また、このころくらいから、耐震偽装事件など不祥事を起こした個人に対するバッシングの「祭り化」「娯楽化」が激しくなり、時に本人や親族を自殺するまで追い込むといった風潮になってきたように感じています。2007年には、さまざまな疑惑が浮上し、「ナントカ還元水」で話題となった松岡利勝農水相が自殺するということもありました。

神戸　建て前と現実の落差というのが、バブルが崩壊し格差が拡大するなかで、多くの人に実感されるようになった。その矛盾はもとからあったのでしょうが、見て見ぬふりしているうちに裂け目が広がってしまったのだと思います。

雨宮　「人権」という言葉への不信感は私にもありました。フリーターで働いているときには、労働基準法もろくに適用されず、突然首になっても文句も言えない。そういう状況のときに「人権」と言われても、自分にとってリアリティあるものとは思えない。

同じことはフェミニズムに対しても感じていて、キャバクラで働いていたときにそういう言説に出会っても、それは階層が上の女性、昼の世界で生きる女性にしか適用されないことでしょ、というふうに感じてしまっていました。

「31歳、フリーター。希望は、戦争。」という赤木智弘さんの論文（『論座』２００７年1月号）が話題を呼んだのもこのころでしたが、その感覚は私にもよくわかりました。同世代の中で、あの主張を全否定できないという思いは多くの人が持っていたはずです。私たちロスジェネ世代には、非正規も多く、また正規で働き続けても年金もどうせ貰えず、自分たちにはまともな老後なんて来ないで野垂れ死に、それなのに上の世代は逃げ切りやがって、という不満感がどこか広くあると思います。世代間対立を持ち込むのは良くないと言われても、体感として、どこかで貧乏くじを引いた感はすごくある。

「時代の子」としての植松被告

神戸　そう考えるといろいろな変化が符合しますね。地下茎のように潜在的に広がってきたものが、２０００

年代に入って一気に表に出てきたのかもしれません。

雨宮　背景にある苛立ちの種類が同じということだと思います。そこから10年経って、ますます広がったそういう空気の上澄みの部分を、言葉通りに受けとめてしまったのが植松被告だったのかなと思います。事件直後、植松被告がTwitterで右翼的なアカウントを数多くフォローしていたということが話題になりました。かならずしもそれだけが原因だったとは言えないと思いますが、政治的な左右というより、タブー破り的な言説を積極的に吸収していたのではないでしょうか。

神戸　私と一緒に植松被告と面会した牧師の奥田知志《ともし》さんが、彼のことを「時代の子」と表現していましたが、まさにそういうところがあると思います。私自身は、学生運動が崩壊したあとに大学に入った世代で、周囲は政治や社会問題にも無関心でしたが、どこかで権威的なものに対する反抗心はあったし、自分が憲法を尊重するという時代の子であるという意識はありました。

91年に毎日新聞社に入社して、上司や先輩たちの報道にかける姿勢に学んだところも大きいです。長崎支局にいたころのデスクは、個人としては日本が核兵器を持つべきだと考えていると言っていましたが、一方では「自分たちの仕事は二度と戦争をしないためにある」とも言っていました。そして、「君の書いた記事が私の核装備論と違っていても、きちんと取材して書いてあれば私は止めない。それについて会社が何か言ってきたら、私はその記事を通すために闘う。われわれの仕事は上司と闘うことなんだ」と。「自分たちはサラリーマンじゃない、記者だ」ということをくりかえし叩き込まれました。そういう先輩たちは、かつて新聞が戦争に加担した時代に生きた人から直接学んだ人たちで、その教えを受けたのが私たちです。それを下の世代にも継承するつもりでやってきましたが、いまの若い記者たちになかなかそれが伝えきれないもどかしさもありますね。

障害者は健常者よりも価値が低いのか

雨宮 あの事件のあと、「人間は平等だ」「命はかけがえのないものです」といった言葉がメディアに溢れました。でも一方で、障害を持つ人が事故で亡くなった場合、賠償金の算出のもとになる逸失利益がゼロ円になったケースが結構あるんですね。建て前でどれだけ「障害者を差別しない」と言っても、現実に司法の世界では障害者は働けないとされ、それによって逸失利益はゼロ円と算出される。存在価値がゼロ円、というような残酷さがある。そうやって否応なく価値づけられてしまうことについて、どう思われますか。

神戸 よく言われることですが、障害を持つお子さんを育てるのに苦悩した結果、思い余って子どもを殺してしまった母親に対して、刑期が普通の殺人事件の半分くらいになるという判決が続いてきました。

雨宮 減刑の嘆願署名がされたりもしたんですよね。

神戸 ええ。「お母さんは大変だったんだ、かわいそうだ」ということです。でも、殺された側からすれば、自分の命の価値は健常者の半分なのかということになるでしょう。それに対する異議申し立てをしてきたのが「青い芝の会」などの障害者団体です。でも、健常者の多くは「仕方がないこと」だとしてそれを容認してきた。戦後の日本社会は平和主義の一方、経済の発展を第一にしてきましたから、命をお金に換算することについても、違和感なく受け入れてきた面もあるかもしれません。

私の息子はかなり重度の自閉症ですが、妻が献身的に療育に取り組んでくれたことや、スマホなどＩＴ機器を使ったコミュニケーションの方法ができたことで、家族とのコミュニケーションは一定程度とれるようになりました。しかし、もっと重度の障害を持つお子さんがいる家庭は、私から見ても大変だなと思います。はたから見れば、まったくコミュニケーションがとれていないようにも見える。

でも、その親御さん自身からすれば、意思が疎通できたと思える瞬間はあり、その積み重ねでわが子を愛おしく感じたり、働きかけに応えてくれたと思えることは間違いなくあります。親子の関係の中で、互いを大切だと思えば大切なわけで、それを第三者や、あるいは「社会」の側から「この子には価値がない」とか「苦労して育てる意味がない」と判断する資格はあるのかということです。

雨宮　そうですよね。

財源問題と安楽死の議論

神戸　植松被告の大きな間違いは「安楽死」という言葉をあえて誤用しているところです。殺害した障害者についても「結果として安楽死にならなかったことは悪かったと思う」と語っていました。

　しかし、安楽死あるいは尊厳死という言葉は、本人が望んでそうしたいと言った場合に選択できる方法として言われているわけです。本人の希望と無関係に、第三者が「させるべきだ」「させるべきでない」と判断するものを安楽死とは言いません。ただの殺人です。

　植松被告の論理を認めてしまえば、私たち自身が事故や病気で動けなくなり、社会のお荷物だと判断されたとき、誰かから「安楽死させるべき」と決めつけられてしまうことになるのです。ここは社会が決して譲ってはならない一線だと思います。

雨宮　まったく同感なのですけど、その一線を守ろうという共通の認識が薄れているという気がします。昨年問題になった古市憲寿さんと落合陽一さんの『文學界』での対談でも、「日本にはもう財源がないのだから、終末期医療をやめるのはやむを得ない」といった論理が平然と語られてしまう。社会の底辺からではなく、むしろ知識人といわれるような人たちが、それを積極的に口にしてしまうことに怖さを感じるんですね。

神戸　障害者福祉に関する予算は、一般会計の中ではまったく大きな割合を占めていないのですけどね。

雨宮　生活保護費もそうですね。

神戸　先ほどの歴史修正主義と同じで、ミクロとマクロの意図的な混同があります。ただでさえ先進諸国の中では少ない生活保護費をさらに削ったところで、日本の財政赤字の削減にはほとんど効果はありません。障害者福祉も同じです。でも、特定のターゲットを叩くことで全体を変えられると錯覚している。

社会保障財源について言えば、やはり少子高齢化が急速に進行し、年金や高齢者福祉の需給バランスが崩れているのは確かでしょう。

私は、個人が選択として延命治療を拒むことや、尊厳死を選ぶこと自体を否定はしません。しかしそれはあくまで自由意思での選択であるべきで、第三者が口を出すことではないし、制度化もすべきではない。それでは、ナチスと同じ道を歩んでしまう。植松被告が私への手紙の中で「あなたはそこまでして生きていたいですか」と書いていましたが、私自身は、ある段階に来たらそれ以上の延命を拒否することはあるかもしれません。でもそれは人に言われてすることではない。

植松被告は重度の知的障害者を「心失者」と勝手に名付けて殺害の対象としました。それも「自分の名前と年齢と住所が言えない人」という、恐ろしく粗雑で勝手な定義によってです。そもそも本人の自由意思を前提とした安楽死という言葉を、意思決定ができないと判断している人に適用すること自体も矛盾していますし、仮に私やあなたが自分の意思をうまく周囲に伝えられない状態におちいったとき、それをもって殺すべきと判断されるということは、想像すれば恐ろしいことだとわかりますよね。

雨宮　それに、財源を問題にするなら、そのために人を殺すなんてことよりも前にもっと問題にしなければならない費用って無限にありますよね。たとえば軍事費なんて槍玉に挙がることがないじゃないですか。政府がアメリカからF35戦闘機を147機買うと言っていますが、その額は維持費込みで約6・2兆円です。試算によるとF35の6機分のお金で日本中の待機児童が保育園に入れるそうです。なのになぜ、軍事費には批判は向かわず、障害者や貧困者をさらに切り捨てるほうに向かうのか。

日本には納税者教育や主権者教育がほとんどなくて、消費者としての振る舞いだけが身についているから、異議申し立てがなかなかできないのかなと思います。逆に意見を述べる人がいると、悪質なクレーマーに見えてしまって、国が被害者のように見えてくるのかもしれない。税金を収めることについても、一方的に簒奪されるというような被害者感覚だけがある。ヨーロッパのように税金と再分配についてきちんとした教育があれば、もっと納得感があるのかもしれません。

神戸　軍事費を削るといっても、全廃しろと言っているわけではないですからね。そういう主張をする人は、軍事費は自分たちの安全に役立つけれど福祉は役に立たないと思っているのかもしれませんが、自分が福祉で生かされる立場になることへの想像力を持てていないからではないですか。

雨宮　でも、そう言うと「生活保護を使うくらいなら自殺する」「税金の世話になってまで生きていようと思わない」と言われたりするんですよ。

神戸　人間ってそんなに強い生きものではないと思いますね。いざというときに堂々と自殺できるなんて思い込みです。医師の話などを聞いても、生き死にの瀬戸際には、やはり多くの人が生きたい、生かしてくれと言うそうです。そういう想像力が不足している。むしろ、そう思ってしまうほどに生きている実感が弱いのかもしれませんが。

雨宮 健康で自立した自分でなければ生きている資格がないと思わされているのかなとも思います。植松被告自身も、そうなったら死ぬつもりなんでしょうか。

神戸 「そうなれば自分も生きたいとは思わない」と言っていましたね。皮肉なことに、彼自身がいまや何も生産せず、税金で生かされる立場になっていますが。

地域移行と大規模施設のはざまで

雨宮 植松被告が衆院議長に宛てた手紙の中に、「職員の生気の欠けた瞳」というくだりがありました。あの事件のあと、介助・介護で働く人たちによる「介助者デモ」が企画されたのですが、デモ前のスピーチで、障害者施設などで働く人たちが、自分と利用者の関係や働き方について、あらためて問い直したという内容のものがありました。一方で、「あの施設の中には、入所者と介助者との間に人間としての関係性があったのか」という意見もありました。自分たちは介助・介護の仕事が面白いと思ってやっているけれど、植松被告の職場の環境はそんな「面白さ」がわかるようなものだったのか、と。ある意味で、施設そのものの是非を問うような問題提起だと思います。そういうことについてはどう思いますか。

神戸　長い目で見るならば、やまゆり園のような大規模入所施設は、すでに時代にそぐわないものになっていたと思います。しかし、少なくとも設立当初は、当事者の必要に応えて作られたものでした。昔でいえば、知的障害者や精神障害者はそれこそ座敷牢に入れられていたのが、戦後、障害児・者にも尊厳ある生活をという理念と親たちの運動のもとで、ああした施設が作られた。当時はきっと光り輝く存在だったのだと思います。それだけの費用が投入されたということでもありますが、他方では一カ所に集約せざるを得なかった。

やまゆり園のような施設はかつては光り輝く存在でしたが、人里離れた場所に作られ、障害者の存在は社会からしだいに忘れ去られてしまった。

事件のあと、やまゆり園をあの場所で再建するのか否かで大きな議論になりましたが、これはとても残酷なことだと思っています。というのは、入所者の家族も、すでに親は他界してきょうだいに交代している家も多いのですよ。何十年も離れた生活を営んできて、家族も歳をとり、その子どもたちには、障害を持つおじさんやおばさんがいることさえ知らない人もいる。そういう人たちに「家族だから地域で引き取れ」と言っても無理があるというのは、仕方ない部分がある。だから、あの場所で再建してほしいという家族の願いもあり、他方では大規模入所施設は時代遅れだから、グループホームなど地域に移行すべきだという意見もある。その対立はとても悲しいことです。

雨宮　尾野剛志さんという家族の方が、入所施設としての再建を求めて発言していましたね。

神戸　当初そうでしたが、最近は考えが変わってきたようです。他のグループホームを見学したりして、同じくらい重い障害を持つ人が生活しているのを見て変わったようですね。

「内なる優生思想」を克服するには

雨宮　神戸さんは自身の「内なる優生思想」とどう折り合いをつけていますか。

神戸　優生思想的な発想というのは誰にもあると思います。子どもが生まれるなら、できれば見た目がいいほうがいいとか、スポーツはできてほしい、学歴はないよりあったほうがいいとか。そういう考えと地続きに、障害もないほうがいいという発想もあるのでしょう。それは否定しきれないものだと思います。けれど、その基準を誰かに強いられることはあってはならない。

　健常者か障害者かを問わず、実際に子育てをしていくなかで、できることとできないことがあり、願った通りに育ってくれないことはよくあります。人間だから当然のことです。そのときに「それでもいいじゃないか、この子はこの子だ」と思えるかどうか。言い換えれば自己肯定ですね。自己肯定感を持つことが、内なる優生思想への歯止めになる。これは、障害を持つ子どもを授かって20年、一緒に育ってきたから思えることです。

「それでいいじゃないか」と思える人は、他者に対しても寛容になれるはずです。植松被告はその自己肯定感がとても低かった。役に立つ人間になりたいとずっと思いながら、なれなかった。それで、あの思いつきを手にしたときに、自分が社会に役立てると確信してしまったのだと思います。

雨宮　もしもお子さんに障害がなかったらどう考えたでしょうか。

神戸　ひどい事件だとは思っても、自分のことだとは思わなかったかもしれませんね。そういう想像力を持つための教育が足りなかったのかもしれません。人権教育も平和教育も、重要なのは相手の立場とか、歴史的な局面にもし自分が立たされたらと考える想像力が出発点です。素朴かもしれませんが、内なる優生思想に対抗するための最大の方法だと思います。

熊谷晋一郎×雨宮処凛

第2章

「生産性」よりも「必要性」を胸を張って語ろう

相模原事件のあと、率直に不安を口にした人がいた。それは脳性麻痺の当事者である熊谷晋一郎さん。車いすでいつものルートを通勤中、「知らない人に突然殴られるんじゃないか」という恐怖を感じたという。これまで積み重ねてきた「社会への信頼」が、あの事件で吹き飛ばされたと語る熊谷さんと話した。

熊谷晋一郎（くまがや・しんいちろう）
小児科医、東京大学先端科学技術研究センター准教授。生後間もなく脳性麻痺により手足が不自由に。東京大学医学部卒業後、小児科医として10年間勤務。現在は東大先端科学技術研究センターで当事者研究分野を主宰。

熊谷　私は生まれつき脳性麻痺という障害を持っています。脳性麻痺の中でも痙直型《けいちょく》と呼ばれるもので、発話には支障がないのですが、常に身体が緊張していて思い通り動かせないという障害です。
　私は1977年生まれですが、当時は脳性麻痺の子が生まれると、徹底したリハビリをさせて、できるかぎり健常者に近づけようという風潮がありました。特訓して、健常者と同じように動けるようになれた子は地域で暮らせる。それができなかったら、人里離れた入所施設に入って、ずっとそこで暮らす。そういう選別というか、健常者のように暮らせるかどうかは努力しだいという雰囲気が、医療者にも家族の中にもはっきりと存在したと思います。

リハビリに明け暮れた子ども時代

熊谷　学校は普通学級に通っていましたが、学校が終わると毎日自宅でリハビリをし、夏休みには施設で合宿のようなものがあって、同じような障害を持つ子たちと一緒にリハビリに取り組む。そういった子ども時代をすごしました。大げさに言えば、健常者になれるかどうかをかけた命がけのリハビリ。

そこには、優生思想に近いものが間違いなく含まれていたと思います。

70年代には、医療者の間でも「脳性麻痺でも早くからリハビリをすれば9割以上が治る」というのが信じられていたのです。ところが80年代になって、そうしたリハビリには効果がないというエビデンスがだんだん積み重なってきました。リハビリをしてもしなくても、動けるようになる人もいるし、動けないままの人もいることが科学的にわかってきたのです。

それに代わって登場してきたのが障害者運動です。障害者の運動自体は60年代からずっと続いていましたが、80年代にそれが大きく花開いた。そこでは「変わるべきは個人ではなく社会のほうだ」と主張されました。当事者が積極的に要求をかかげ、社会をより包摂的なものに変えていこうという運動でした。

雨宮　脳性麻痺の人たちの「青い芝の会」が有名ですよね。

熊谷　はい。その中で確立された理念のひとつが「医学モデルから社会モデルへ」というものです。「障害」とは個人の皮膚の内側にある性質ではなく、皮膚の外側、つまり社会のありかたに起因するのだということです。たとえば、車いすの人が階段を登れないのは、その人の足に問題があるのではなく、エレベーターのない建物に問題があるのだと考える。そこからバリアフリーという理念も生まれ、80年代の障害者運動の大きな追い風となりました。

私にとってもその考え方は大きな救いでした。障害者運動に出会ったのは中学生くらいのときでしたが、まさに医学モデル的な狭い世界の中で「努力して健常者になれなければ、野垂れ死ぬしかない」と刷り込まれてきた私には、あの苦痛に満ちたリハビリを耐え忍んでしなくてもいいのだ、私はこの身体のままで生きていっていいのだと、はじめて思えたのです。

そうした変化は、実際の社会の雰囲気も変えたと思います。まず第一の大きな変化は、街中で障害者をよく見かけるようになったことです。これは子ども心にも衝撃でした。普通の健常者が暮らす地域の中に障害者はいるべきではないという感覚が、私自身にもどこかにあったのです。

いままで施設かあるいは親元にいた障害者の先輩たちが、みずからの身体の個性を剝き出しにして街の中を歩いている。さらには、誰それはアパートを借りてひとり暮らしを始めたらしいとか、誰それは飲み歩いている、誰それは恋人ができたらしい、といったうわさ話も伝わってきました。そんな下世話な話も、障害者のままで人生を楽しむことができるんだと、中学生時代の私にとっては希望そのものだったのです。

雨宮　それまでは、そういう生活は自分には一生できないと思っていたんですか。

熊谷　思っていました。健常者にならないかぎり、そういう生活は享受できないのだと。だから、先輩たちのそういう姿そのものが、私にとってこれ以上ないエビデンスでした。当時もまだリハビリには取り組んでいましたが、その先にあまり幸福な人生があるとは思えなくなっていたので、障害者のままで自由な生活を送る先輩たちの姿に大きな刺激を受けたのです。そうして、親とのちょっとした言い合いを経て、アパートでひとり暮らしを始めたのが18歳のときでした。

雨宮　いきなりですか。すごいですね。

熊谷　ええ。だから、障害者運動や社会モデルという考え方に私自身、大きく人生を変える契機をもらったと思っています。当時も、障害者運動の中で「内なる優生思想」ということがしばしば言われました。障害者自身の中にも「障害者には価値がない」という意識が内面化されてしまっている。障害がある自分は、そのままでは地域で暮らせないんだという考えを、障害者自身が刷り込まれてしまうことをそう呼んだのですね。私自身もそれを自然と身につけていたのが、社会モデルという考え方によって一挙に解除されたのです。

「治らない」ことが希望をくれた

雨宮　ほかの障害者の人たちも同じような経験をしたのでしょうか。

熊谷　70年代はおそらく全国的に、障害児を健常者に近づけるためのリハビリがさかんに行われていました。親たちも血眼になってわが子をリハビリに通わせた。9割以上が治ると言われれば、それは当然だったろうと思います。

でも、そういうリハビリに通うなかで、いまから思えば、何もしなくてもだんだん動けるようになっていく子もいれば、障害が重くなる子も、変わらない子もいたのです。リハビリをしてもしなくても、その経過はほぼ変わらないということが大規模な研究によってわかってきたのが80年代でした。しかし当時はまだ、そういう変化が起きると、動けるようになった子は「リハビリをがんばったからだ」と評価され、ほかの子や親たちは「努力不足」というレッテルを貼られ、ますますリハビリに駆り立てられる。そんな状況でした。

雨宮 「努力すればどうにかなる」というのは、完全に自己責任論ですね。

熊谷 そうです。努力で障害は克服できるのだという幻想が培養される空間があり、それが反転した形で「努力の足りない障害者」というスティグマ（烙印）も与えられていた。そういう価値観の世界にいた私にとって、「どんなにリハビリを努力しても障害は治らないんだ」という事実は、むしろ希望を与えてくれたのですね。

80年代というのは、障害に限らず、セクシュアルマイノリティなど、個人のさまざまな性質が医療的な介入では変えようのないものだということが科学的に証明されることで、人間をひとつの標準にそって均質化できるという考え方が否定されはじめた時代だったと言えると思います。いわば医学がみずからの限界を証明したということです。障害分野におけるリハビリの限界も、そのひとつの面だったのだと思っています。

雨宮 それは海外でも同じだったんですか。

熊谷　国によって濃淡の差はありますが、大きな傾向は同じだと思います。ただ日本の場合、「科学的に効果があるかどうかはわからない」というグレーの部分を、「努力すればきっと治る」という希望的観測で埋めて、一種熱狂的に取り組むようなところはあったと思います。

雨宮　少し違うかもしれませんが、私は1歳のときからアトピーで、2人いる弟もひとりがアトピーで、もうひとりが喘息持ちなんですね。私たちが子どもだった80年代って、喘息の子に乾布摩擦をさせたり、アトピーに対してもいろんな民間療法が流行って、食品添加物をとにかく排除したり、玄米菜食がいいと言われたり、海水浴に行くのがいいとか逆に悪いとか言われたり、根拠もよくわからないままに、まことしやかに信じられていました。「母原病」なんていう言葉もあって、ぜんぶ母親の育て方のせいなんだというようなことも言われていました。

熊谷　「わからない」という隙間に努力信仰が入り込んで、がんばれば治せるはずだ、できるようになるはずだというのが希望とされてしまったんでしょうね。それは、しばしば「治らないのは努力が足りないからだ」と反転してしまうのですが。私も幼少期に、親子ともどもそれを経験していたので、「治らない」ということが大きな希望だったんですね。どんなに努力しても治らないと証明されたことで、ようやくこれで解放されると。

医療の世界では「治らない」ということは受けが良くないというか、医療者はなかなか認めたがりません。でも当事者にとっては、むしろ解放のきっかけになることがあるということです。いわば、医療が限界を認めることで、当事者はむしろ生き生きとしてくる。これは障害の世界では共通してあることだと思っています。

雨宮　わかる気がします。またアトピーの話になりますが、90年代、アトピー治療にも使われるステロイドが「怖い薬」とされて、メディア上でものすごいステロイドバッシングが起こりました。「ステロイド断ち」というのがアトピー患者の間で流行って、弟は大学生のとき大学を休学してまでそれをやりました。強酸性水の風呂に毎日入って、ステロイドを使わずにアトピーを治すという方法です。お金もすごくかかったのですが、結果としてものすごく悪化してやめました。当時、ステロイドバッシングの中で、患者の恐怖心や不安につけこむような怪しい療法がすごく流行ったんです。のちに「アトピービジネス」と名付けられたそれらのほとんどが根拠のないものだったんですが。

どうしてそれほどまでアトピー患者に「受けた」のかと言うと、そういう療法を提唱している人たちは「これをやれば完治する」と言うわけですね。でも、普通の皮膚科の先生は「アトピーは一生薬を切らさないことでコントロールしていくことしかできない」と言うわけです。私と弟なんかは子どものころからずーっと皮膚科に通って、「小学生になったら治る」「中学生になったら治る」「高校生になったら治る」「大人になったら治る」と言われ続けても治らなかったので、漠然とした不信感はずっとあった。そこに付け込まれたわけです。

熊谷　完全に治るはずだ、治すべきだというのが一種の強迫観念になるわけですね。

雨宮　そういう思い込みにすごく振り回された経験が私にもありました。同時に、アトピーを治さないと就職できない、社会に出られないということも親や親戚から言われて育ったので。それもプレッシャーになっていたと思います。

熊谷　それも似ていますね。

「当事者研究」という発見

熊谷　子ども時代はそんなふうにリハビリ漬けの毎日で、学校とリハビリ施設と家しか知らない、狭い世界で17歳まで生きてきました。その間はずっと「リハビリをがんばって、健常者になれたら社会に出てもいいよ」というような価値観の中にいたので、それ以外の人や世界との接触が少ない生活でした。最初は数学者になろうと思っていたのです。算数が好きで、教室でほかの健常者の友達が遊んでいるときも、算数さえあれば頭の中で遊園地みたいに遊べていたので。小中高とそんな時代をすごして、ナイーブな世間知らずのまま、とつぜん障害者運動と先輩たちの自立生活を目の当たりにして、自分もひとり暮らしをしたいと思い定めてしまいました。

大学に入って上京したのを契機にアパートでひとり暮らしを始めたのですが、本当にすべてがはじめて触れる世界というか、これまで親にカバーしてもらっていた部分が全部剝き出しになったわけですから、当然うんちも漏らすし、おしっこも失敗する。それでも、通りすがりの人に助けてもらえたりする。友達の障害者と一緒に渋谷で、お漏らしのリカバリーを通りすがりの何割の人が介助してくれるかという実験をしたこともありました。

雨宮　すごいですね！　無差別にですか。

熊谷　もちろん、相手のようすを見極めながらですが。やってみると半分くらいの人が手伝ってくれて、「あんがい世の中の人は優しいじゃないか」と思ったり（笑）。それによって社会とか人に対する信頼が生まれて、数学よりももっと人間や社会にかかわる仕事をしたいと思って、医師をめざすようになりました。24歳のときに医師の資格を得て、小児科医としてしばらく働いたあと、専門家としての医療の世界と、当事者として生きてきた世界を橋渡しするようなことができないかと考えるなかで、北海道の「浦河べてるの家」で生まれた「当事者研究」という考え方に出会ったのです。

当事者研究とは、精神障害などの困難を持つ人たちが、自分たちを悩ませている幻覚や妄想、あるいは依存症や対人関係の問題といった「苦労」を、自分自身の研究対象として、仲間とともに考え探求していくというものです。専門家が与える診断名ではなく、自分自身で自分の苦労に名前をつけ、どうしてそうなってしまうのかと研究していくところに特色があります。そこでの合言葉は「自分自身で、ともに」。自分自身でもコントロールできず、振り回されてきた困りごとや思考パターンを、研究対象として客観的に観察し、言葉にして仲間とわかちあうことによって、気持ちが楽になったり、自分ひとりでは見出せなかった解決法が見つかったりする効果があります。このような当事者研究のアプローチを、精神障害以外の分野でも応用していけるのではないかと考えて、東京大学の先端研（先端科学技術研究センター）の中に「当事者研究ラボ」というのを設けて、現在まで研究活動をしています。

障害者を分断しようとするものへの違和感

雨宮　今回の対談をさせていただくにあたって熊谷さんは、自分がすべての障害者を代表して話すように受け取られることに対する懸念を示されていました。その意味をもう少し聞かせてもらえますか。

熊谷　若いころに障害者運動に出会って、それに救われたということはお話ししました。でも一方では、運動的なものに違和感もありました。当事者運動の中に、いわば分断されやすさのようなものがあると感じていたのです。

運動の中では「われわれ」の声というものを立ち上げていくことが目標になります。同じ要求を持つ人々の大きなかたまりをつくり、そのパワーで社会を切り開いていく。そこでは「私」ひとりの声ではなく「われわれ」の声である必要がある。その重要さにはまったく異論はありません。けれども、「われわれ」をつくりあげていくプロセスの中では、どうしても「私」という個人の声は語りにくくなり、「われわれ」の一員か否かという踏み絵を踏まされる局面も出てきます。「われわれ」の内と外という区別が生じ、運動の中に排他性が生まれてしまうということも、たびたび経験してきました。同時に、障害者運動の場合に厄介なのは、障害者どうしの分断だけではなく、そこに支援者が介在することです。支援者どうしの対立のいわば代理戦争として、障害者が分断されてしまうことが起きうる。そこでは、支援者の中に「自分が介助する障害者のほうが、より障害が重くてより大変なのだ」といった論理が生まれます。もっとも不幸な人を支援する自分がもっとも正しいという、いわゆる「弱者憑依《ひょうい》」的な心性ですね。そういうところにも、障害者の「分断されやすさ」があると感じたのです。私としては、障害者の中にもさまざまなグラデーションや理解しあえなさがあることを認めつつ、そうやって障害者を分断しようとするものに対しては、強烈な違和感を抱いています。

当事者研究という試みに出会って、そういうものとは違った言説の空間があることを体感しました。そこでは、障害者か支援者かを問わず、誰もが「自分ごと」だけを語り表現する。たったそれだけなのに、あっという間に障害の有無やその重さといった違いを超えて、共感が生まれる経験をしたのです。

そのとき「これって、回りくどいけど運動的だな」と思ったんですね。「ひとつの声」をつくるのではなく、自分のことを表現する言葉を、ただフラットに並べて共有していくだけなのに、それが運動的な変革の力にもなる。そのパワーをすごく感じています。

知的障害者は「語れない」という誤解

雨宮　なるほど。ただ、中には自分のことを語れない障害者もいますよね。1章の対談でも話したのですが、私のいとこも知的障害があって、単語を組み合わせるていどの会話しかできませんでした。障害者の地域移行に関する議論でも、もっと地域での自立生活を進めるべきだという意見と、とくに親の側から、うちの子は重度でそんなことはとうてい無理だから、施設のままでおいてほしいという意見もありますよね。

熊谷　先ほどもお話ししたように、親や支援者が「この人はこうだ」と代弁することの危うさに注意する必要があると思います。当事者研究に対して「語れない人たちはどうしたらいいのか」と問われることが確かにありますが、むしろ私は、当事者研究こそ、通常の意味で「語れない」人たちにも開かれていると感じるんですね。当事者研究とは、いわば医療の言葉でも運動の言葉でもない、自分自身の言葉で、当事者の中で起きていることを説明していく試みだと思います。たとえば、医療の言葉では「逸脱行動」とか「症状」などと否定的に呼ばれてしまう行動であっても、当事者研究的には「表現」であると考える。

植松被告が語ったと言われるように「コミュニケーションのとれない人には生きている価値がない」

という見方に対しては、むしろ「それを読み取れないあなたの側に問題があるかもしれないではないか」と言うこともできます。コミュニケーションとは双方向のものですから、送信者と受信者がいます。表現されたものを受信者が理解できなかったとしても、送信者側だけに落ち度があるとは言えません。社会の側に、それを正しく理解できる回路がなかったからだとも言える。当事者研究はそういう考え方を可能にします。

一見、饒舌《じょうぜつ》に語っているかのような健常者でも、本質的には自分自身のことをまったく語れていないし、他者のメッセージを受信できていない場合もありますよね。逆に、知的障害とされる人のほうが、よりストレートに要求を発信したり、他者の気持ちを受信できることだってあります。だから、知的障害者に「自分を表現できない人」とレッテルを貼ることは、言ってみれば植松被告と同じところにおちいってしまっているのです。

雨宮　ああ、そうか。そうですね。私のいとこも、読み書きはできなかったし、簡単な言葉しか話せませんでしたが、だからといって彼女は表現していなかったわけではなくて、むしろすごくストレートに自分の要求や思いは表現していた。私たちが勝手に「表現できない」と思い込んでいたんですね。

熊谷　そうなんです。私の経験からしても、子どものころ行ったリハビリキャンプには知的障害の子もたくさんいましたが、理解できないと感じたことはまったくありませんでした。むしろペラペラ喋る人のほうが、何を考えているかわからないと思っていました。

雨宮　たしかに、大人でも普通にいますね。とめどなく喋り続けているんだけど、何もコミュニケーションできていない人（笑）。むしろ子どものころのほうが、いとこの表現しようとしていることを受信できていた気がします。違和感なく一緒に遊んでいたのが、いつからかできなくなっていた。コミュニケーションが言語中心になってからですね、明らかに。

熊谷　私も小児科医として、知的障害を持つ子を診察することがありますが、彼・彼女たちは実は、肝心な意思決定にかかわるポイントでは健常者よりもはっきりと意思を表明することがあると感じています。たとえば、どこに住むかといった重要な局面で、周囲の親とか支援者があれこれ迷っていても、本人は「こっちがいい」と躊躇《ちゅうちょ》なく決断することはしばしばあります。

だから、知的障害がある人には意思決定ができないなどというのはまったく筋違いで、健常者のほうがよほど優柔不断で決められないこともあります。そういうラベルを貼ることに、もっと慎重になったほうがいいと思いますね。

ただ、事実として11万人強の重度とされる障害者の方が、地域移行の恩恵を受けられず、いまだに施設の中にいます。そういう現実に照らして、私の言ったことが机上の空論だという反論もありうるでしょう。それは私自身が受けとめて取り組んでいく必要があると思っています。

雨宮　熊谷さんは、基本的にその方々も地域で自立生活をするべきだと思いますか。

熊谷　選べるということが大事だと思います。当事者が自立生活をしたいと言えばそれをサポートし、施設がいいと言えばそれが可能になる条件を整えることが求められます。そして、いつでも自由に行き来できるべきでしょう。「自己決定権だけを保障して、選択肢を保障しない」というのは、いわば自己責任論のパッケージです。選べる条件がないまま自己決定だけを強いるのは自由ではありません。一方を選ぶと周囲から批判されるとか、支援をしてもらえなくなる、過重な代償を被るといった場合に、選択の権利だけ与えられるというのは本来の自己決定ではありません。そういうことが多すぎますね。

地域生活ならすべて解決されるとは思いませんが、地域のアパートでのひとり暮らしも、グループホームも施設も、どの選択肢も保障されていて、本人が選びたいほうを選べるというのが本来めざすべき方向だと思います。

雨宮 よくわかります。フリーターも、出てきたばかりの80年代のころは「好きでやっている」と言われていましたが、バブル崩壊後は正社員の職がないから仕方なく非正規で働く人が多くなった。一方、性風俗などで働く人にインタビューしても、彼女ら自身は「自分で選んだことだ」と多くの場合肯定します。たとえば、性産業じゃなかったらもっと安い時給のパート労働しかなくて、人格を否定されたり、身体的にもきつい働き方を強いられる。それに比べたらいまのほうがましだ、と。それには納得する一方で、それ以外の選択肢が乏しすぎるという問題も感じます。

熊谷 どの選択肢を選んだとしても、スティグマを付与されないということが大事ですよね。

「社会への信頼」を吹き飛ばした事件の衝撃

雨宮　相模原事件の第一報を聞いて、どういうことを考えられましたか。

熊谷　実を言えば、私は直後はよく理解できていなかったというか……。忙しかったのか、よく覚えていませんが、テレビを見る時間がなくて、きちんと認識したのは丸1日くらい経ってからだったのですね。「大変なことが起きたな」とは思いましたが、感情がついていかなくて、その意味をしっかり考えることができませんでした。でも、そのまま日常生活を送っているうちに、どんどん具合が悪くなってきて。最初は「風邪でも引いたのかな」と思っていました。

いつもの通勤ルートを、車いすで駅に向かうのですが、向こうから歩いてくる知らない人に、すれ違いざまに殴られるんじゃないかという恐怖心が突然わいてきたんです。それで、その恐怖心と身体の不調の原因が、ニュースで見た事件とようやくつながりました。

その恐怖心は、どこかで経験したことのある感覚でした。子どものころ、夏休みなどに山奥の施設で合宿をして集中的にリハビリをするキャンプというものがありました。そのキャンプで宿泊すると、夜中などにいろいろ暴力的なことが起きるんですよ。たとえば、むしゃくしゃしている大人が寝ている子を蹴ったり、あるいは、大人どうしの性的なやりとりを目の前でされたりといったことですね。

障害児というのはある意味、人格的な存在とみなされていないために、そういうことが日常的に起こっていたのです。事件後の身体的な不調が、そのときの感覚と似ているのではないかということが、後からだんだんにわかってきました。

雨宮　18歳でひとり暮らしを始めたとき、「社会はあんがい優しいじゃないか」と気づいたとおっしゃっていましたが、それが覆されたという感じですか。

熊谷　そうですね。本当に、時計の針が逆転したような感覚でした。この半世紀というのは、一進一退もありながら、総体としては社会はましなほうに進んできたと思っていたのです。障害者差別や優生思想がまるだしの時代がかつてはあったわけですから。障害者運動や社会モデルといった考え方の変化を経て、少しずつましになっているという理解でいました。それを一気に振り出しに戻すような衝撃がありました。

雨宮　熊谷さんご自身も障害のために嫌な思いをすることもあったと思いますけれど、それよりも事件のショックのほうが大きかったんですか。

熊谷　そうですね。小さなことはもちろん日常的にありますが、少しくらいのことならはじき返せる程度には、社会への信頼を蓄積していたと自負していました。

雨宮　じゃあ、それがいきなり帳消しにされるくらい。

熊谷　ええ。

雨宮　事件が起きたあとに、「起こるべくして起きた」とか「とうとうこういう事件が起きてしまった」と感じたという声が多く、私もそう思ったひとりですが、そういう予感みたいなものはなかったですか。

熊谷　そうですね……どうだろう。（沈黙）

じわじわと、いつか来るぞという感じではなくて、ずっと潜在的にはあって、でも蓋をしていたものが、ぱかんと外れたという感じだったかもしれませんね。不連続な感じがしました。

障害者と介助者の対等な関係を保つ知恵

雨宮　植松被告がやまゆり園で働いていた職員だったことについては、どう思われましたか。

熊谷　なんというか……ここもとても表現が難しいのですが。

私のように、日常生活を営むために常に介助が必要な障害者にとって、介助者との関係というのは非常に複雑なものなんですね。たとえば婚姻関係なら、あってもなくても生きていくことはできます。でも障害者にとっての介助者の存在というのは、生きていく上では欠かすことのできないものです。そういう、いわば逃れられない関係だからこそ、かならずしも常に平和ではないというか。互いに人間ですから衝突もありますし、肉体的には圧倒的に介助者のほうが強いわけですから、そのままでは対等な人間関係になりえない。それでも、双方が尊厳を奪われないために、できるかぎり対等になれるような工夫というのを長年かけて積み上げてきました。たとえば、ひとりの障害者に対して、介助者はかならず複数にするとかですね。なぜかと言えば、信頼を置ける介助者がひとりしかいないと、障害者はその人との関係に依存して、関係が悪くなったとき相手に支配されてしまったり、逃げ場をなくしてしまったりするからです。相手の善意に頼る関係にしないというのも重要です。介助やケアは心がけや善意の話にされがちですが、人権や構造的差別の問題として見ることが大事です。

そういう工夫によって、身体能力的に対等ではなくても対等の立場でいられるように、また相手の善意に頼らなくても、障害者の安全や人権が保たれるようにしてきたんですね。

雨宮　「自立とは、依存先が複数あること」だともおっしゃっていますね。健常者の善意に依拠しないということ。そこにも事件を読み解くカギがありそうですね。

熊谷　はい。大規模施設というものが、障害者にとって警戒すべき存在である理由のひとつは人数比にもあります。介助される障害者のほうが圧倒的に多いわけですから、介助者がどんなに聖人君子であっても、そこに序列が生まれ、力の勾配が生まれます。地域生活を提唱してきた理由のひとつは、障害者と介助者との人数比を逆転し、介助者のほうが多い環境を実現することで、そういう支配的な力関係が生まれないようにするということでした。

ゆえに、地域ならすべていいかというと、そういうわけでもなく、たとえば地方に行けば介助者になってくれる人が少ないといった問題もあります。だから「施設から地域へ」は必要条件にすぎなくて、それに加えて、障害者と健常者の対等な関係を保てるような人数比ということが重要なポイントだと私は思っています。今回の事件で、大規模施設での障害者介助を経験したひとりの人物が、そこでどのような体験をして、何を学んでしまったのかということは、私自身も気になるところです。もちろん、想像の域を超えませんが。

雨宮　先ほど、知的障害を持つ人とのコミュニケーションの話がありましたが、植松被告も介助の仕事をしていたのに、障害に対する理解があまりに不十分で、「心失者」なんていう粗雑な定義を勝手に作って、彼らには生きる価値がないと決めつけてしまった。そういう感覚をどこかで学んでしまったということでしょうか。

熊谷　そうですね。障害を持つ人たちの発する言葉を、彼は聞くことができなかった。それに、人の声が聞けなかっただけでなく、自分の声も聞けなかったのではないかと思います。

雨宮　自分の声も？

熊谷　はい。

雨宮　あぁ、なんかとてもわかる気がします。自分の声を無視して大きなストーリーに没入している感じ。障害者を安楽死させることが世界経済を救う道だと彼は言っていて、それこそ善意でやったのだと言いたげですよね。

熊谷　聞く耳を持たない善意ほど怖いものはないのです。「青い芝の会」のスローガンのひとつに「われわれは愛と正義を否定する」という有名な言葉があります。その言葉に、私たちはやはり鳥肌が立つような感覚があるんですね。それは、まさに愛と正義に殺されかねないという直感が働くからです。たとえば障害児が生まれたときに、「この子はどうせ不幸になってしまうから、殺してあげたほうが本人のためだ」といった理屈で親が子を殺してしまう事件が60年代にはありました。そこには優生思想という根拠があり、当時としてはそれが正義と愛に基づく行為だったのです。

雨宮　正義のためというお墨付きがあれば、人は大量殺人でもしてしまうということですね。植松被告もたぶん、個々人への憎悪が理由なら、19人も殺すなんてことはできなかったんじゃないかと思います。

熊谷　そうですね。

「建て前」を突き破って噴出したもの

雨宮　２０１６年にやまゆり園の事件が起きて、同じ年に長谷川豊氏の人工透析に関するブログの問題がありました。その後も似たような発言がくり返されて、２０１８年は杉田水脈議員の「生産性」発言が問題になりました。こういうふうに、少し前なら公言するのが憚られたというか、建て前として最低限言ってはいけないことだと共通の認識があったようなことが、それなりの地位にいる人の口からも出てきてしまう。しかも、その根拠として日本の借金とか財源とか、社会保障の将来設計といった一見もっともらしい言説によって正当化されるという空気を感じますが、いつからこうした空気が生まれたんでしょうか。

熊谷　いつからというのは言いにくいんですが……私の視野の中だけで観察すると、24時間テレビが批判されるようになったあたりからかもしれないと思います。

24時間テレビの中で、障害者ががんばる姿を消費するのが「感動ポルノ」と批判されるようになったのは最近だと思いますが、私たち障害者の間では、ずっとそういう批判はありました。でも、この数年で生じてきた批判というのは……ある社会学者が書かれていたのですが、ストレートに障害者差別的な見方をする人たちが、24時間テレビを批判するようになってきたというのです。かつて24時間テレビを批判してきた人たちは、障害者運動と近いところにいて、障害者をそういう感動のネタにすることを批判していたわけですが、近年生じてきた批判は、むしろストレートな障害者への敵意から来るもので、「彼らは特権階級だ」「優遇されている」「金集めに利用されている」と。

雨宮　ああ……よくわかります。生活保護バッシングなどとも共通していますね。生活保護や公務員がバッシングされるようになったのも2000年代の小泉政権以降だと思いますが、一般の生活者の暮らし向きが悪くなってくると、まず公務員が「特権」として叩かれ、さらに生活保護の受給者や障害年金で暮らす人たちに矛先が向かっていく。それだけ猛烈な勢いで日本人の経済状況が地盤沈下したということかなと思います。

介助者の貧困化がもたらしたもの

熊谷　私たち障害者の側から見ると――これも慎重に表現しなくてはなりませんが――いちばん身近にいる介助者の人たちが、生活が困難な層になってきているんですね。そこには、これまで感じてこなかった、ひりひりとした皮膚感覚があって……。

障害者介助の現場というのは、まさに雨宮さんがおっしゃったような地盤沈下を被った層の若者が大勢働いています。そこで、もしかしたら私たち障害者に恨みを抱いている人が混じっているかもしれない。それは、現場では口にできませんが、やっぱり頭のどこかで毎日感じていることなんです。

雨宮　私の同世代でも、派遣切りに遭ったりして安定した働き口が見つけられなかった人たちが、高齢者介護とか障害者の介助の仕事についています。そういう人の中で、サラッと「殺したほうがいいんじゃないかと思うんですよね」と口にする人も実際いるんです。相模原事件の起きる前のことです。「どうして?」と聞くと「本人たちが殺してほしいって言うから」「面会に来る人もいなくて、死にたい、殺してくれと毎日言われる」と。そういうのを生で聞くとドキッとしますね。

熊谷　私も、いまそのお話を聞いただけでもすごくドキッとしますね。

2000年代に障害者介助が急速にサービス化しました。それ以前は、地域の中で障害者の介助を仕事にする人の多くは、一種の思想を持った人というか、癖もあるのですけれど、それなりの考えを持ってこの仕事についたという人が多かったんです。だから、常に人手不足ではあるけれど、一定の信頼を置くことができた。ところが、いま障害者介助の世界に入ってくる人は、数ある職業のひとつとしてたまたま介助を選んだという人が多い。そうすると、どうしてここで働いているかというのが見えなくて、私たちからすると不安を呼び起こすこともあります。

雨宮　中村淳彦さんという人の『漫画ルポ　中年童貞』を読んだんですが（もとは幻冬舎新書『ルポ　中年童貞』として出版、のちに漫画化）、主に高齢者施設で働く独身の中年男性を描いているんですね。著者は出版不況の中、ライター業から介護施設の経営に乗り出したということなんです。いまはまたライター業に戻ったようですが。彼はこの漫画で「介護業界での経験は本当に地獄だった。なにからなにまで酷く、救いようがない。介護施設は家族に捨てられた老人と、社会に排除された失業者が介護という産業に集められた場所だ」と書き、その現場を「ゴミ箱」とも表現しています。漫画には、彼の施設で働いていた「中年童貞」が、入所者であるおばあさんの入浴介助に涎《よだれ》を垂らしながら異常に興奮する描写があり、そのことについて「もう施設を潰した後だからいえるが、前向きに働いているし、もういいかってことで異常興奮の○○（個人名）は放置した。中年童貞だらけの介護の現実だ。親が○○みたいな奴のターゲットにされたくないなら、自分で介護するしかない。それが現実なのだ」と書いています。

介護施設を運営する中にそういう感覚の人がいるということに、というか、そういう感覚の人も経営者として参入できてしまうことに、私はすごくショックを受けたんですね。ただ、この著者がそんな「本音」をぶっちゃけても、まったく問題になっていない。新書も漫画も売れていて、このようなスタンスを批判する言説を見たことがないということも驚きです。

熊谷　啞然としますが、リアリティも感じますね。

雨宮　私の同世代でも「どうせ自分たちは年金ももらえないし、老後は野垂れ死ぬことになる」と口にする人が多いんです。そういう人の中には高齢者に「世代的に得をしている」とすごく敵意を持っている人もいるし、その矛先がいつ障害者にスライドしてもおかしくないなと思います。

熊谷　批評家で元介助者の杉田俊介さんと数年前に対談をさせてもらったときにも、そういう話をしました。もしかするといまの社会では、急速な社会構造の変化によって「新たに障害者となる人」が大量に生まれているのではないか、ということです。

先ほどお話しした障害の社会モデルでは、障害とは「社会と個人との間のミスマッチが生み出すもの」とされます。それに従えば、いまほど急速に変化している社会においては、社会構造と合わなくなって、定義上「障害者」のカテゴリに入る人が急増しているのではないか。社会が比較的定常的だった時代においては、障害者のカテゴリも定数として安定していたけれども、ここまで大きく社会が変化すると、急速にそれとミスマッチを起こす人たちが生まれてくる。その人たちは、身体的な障害がなかったとしても、社会モデル上は障害者と呼べるのではないか。

その人たちというのは、言い換えれば社会から「不要とされた」人々ということです。彼らは皆、自分の皮膚の内側に障害者として認められるサインを持っていない。潜在的な障害者であるにもかかわらず、自分の皮膚の内側にそれを説明できるものを持たない彼らは、それを代替するようなストーリーを求めてしまうのではないか。どうして急にこんなに苦しくなったのか。どうして自分たちはがんばっても親世代のような生活をできないのか。その理由を探しあぐねるうちに、「あいつらが特権を持っているからだ」というような特定の層への敵意を見出してしまう……そういうことなのではないか、と杉田さんと話したのです。

本来なら、私たちのような「従来からの」障害者も、彼らのように「新たに」障害者になった人たちも、社会モデルの定義上は同じ障害者なわけですから、連帯して自分たちを包摂しない社会に変革を求めていくことも可能なはずです。でも、彼らは自分の皮膚の内側に障害者であることを説明できる要因を持たないがために、自分自身でもそれを受け入れられないし、社会にそれを認めさせることもできない。だから、いわば犯人探しに失敗して、高齢者や障害者、貧困層に敵意を向けているのではないか。そんなことを考えました。

雨宮　それ、すごくよくわかります。私たちロスジェネは、まさにその「新たに障害者になった」層という気がします。社会モデル上の。

90年代からフリーターが叩かれはじめて、2000年代にはニートという言葉が登場してこれも叩かれ、若者の意欲がなくなったとか職業意識の問題だとか言われて、さんざん若者バッシングがされましたよね。そこから長い時間が経って、ようやく貧困の問題なんだということが社会の共通認識になったと思うのですが、「自分たちの努力の問題じゃなくて社会の問題なんだ」ということを説明できるようになるまで、10年以上かかったという実感があります。

その言葉を獲得するまでの間、与えられた言説としてはAC（アダルトチルドレン）とか、境界性人格障害だとか、機能不全家族だとかしかなくて、とくに90〜2000年代前半、まわりの若者はみんなそっちのストーリーに乗っていました。ただ、当時の友人たちの状況を考えても、先が見えない非正規の働き方の中で心を病んでいったり、正社員の過酷な長時間労働の中でうつになったり、体を壊したりしていた。背景には労働の問題があるのに、みんなそれをメンタルの病名でしか説明できなかった。いまから思うと貧困の問題でもあるんですが、病名をつけることによってしか労働市場からの撤退を許されない。だから喉から手が出るほど診断名がほしい、というような、追い込まれた感じをものすごく覚えています。

熊谷　それはありますね。障害者がうらやましいとか、恵まれているといった感覚も、そこから出てくるのかもしれません。

雨宮　自傷行為をくりかえして、オーバードーズで亡くなっていった友人も多くいました。そういう死屍累々の果てに、ようやく社会構造の問題だという言葉を手にしたということだったんだと思います。

熊谷　障害の分野でも、可視化されていない障害のほうがよりきつい場面があると言われますね。当事者研究に取り組む人の多くが、そういう障害を持つ人ですが。自分がたしかに障害を経験しているのに、それを説明できる語彙やストーリーがないというのはつらいことです。それを説明する語彙を自分自身で発明しようというのが、当事者研究の取り組みでもあると思います。

「本音」と「本心」を区別する

熊谷　杉田俊介さんとも、見えにくい障害の問題と地続きなものとして、マジョリティの当事者研究が必要だという話になりました。もしかすると、従来的な意味での障害者のほうが自分の困難を説明できる語彙を持っていて、マジョリティのほうが自分の苦しさを語る語彙を持たないがゆえに、変なミスリードやおかしなストーリーを信じて、あたかも自分の本音かのように語る陥穽におちいっているのかもしれません。

雨宮　それはありますね。ロスジェネだけじゃなく中高年の男性も、自分がどう感じるかという「I《アイ》トーク」ができなくて、国がとか社会がといった大きな主語の話ばかりするじゃないですか。先日、性暴力に抗議する「フラワーデモ」に行ったんですが、参加者の女性が次々と自分の被害体験などを語るなかで、男性がスピーチするとかならず大所高所からのような話し方で、とても評判が悪かったんです（笑）。その一方で、嫌韓本などで与えられたストーリーを鵜呑みにしたりして、憎悪を暴発させている高齢男性も多いと思います。そういう人たちにこそ当事者研究をしてほしいですね。

熊谷　まったくそうですね。杉田さんとの対話の中でも、本音と本心を分けようという話をしました。いまの社会は「本音」が称揚される一方で、みんなが「本心」を語れなくなっているのではないか、と。

雨宮　本音と本心はどう違うんですか。

熊谷　上岡陽江さん（ダルク女性ハウス代表）の受け売りですが、依存症の自助グループなどで自分のことを話す際に、「本心」を話せる人と「本音」を話そうとする人がいるそうです。

依存症になる人の多くは、背伸びして一生懸命に生きてきて、過酷な環境の中でなんとか自分を維持するためにアルコールや薬物の助けが必要だったのです。そういう人たちが回復のために自助グループをつくって、そこでは自分の正直な気持ちを語ることで回復しようとするのですが、自助グループに来はじめて日の浅い方は、なかなか本心を話すことができない。「ぶっちゃけ……」と本音を話しているつもりでも、すべてがどこかで聞いたような話、受け売りの「コピペ」になることは避けられません。

雨宮　ああ、なるほど。じゃあ、達人になってくるとどんなことを話すんですか。

熊谷　いままで誰も聞いたことがないような話、その人自身の体験に裏づけられた唯一無二の話なのに、どこかで共感せざるを得ないような語りと言いましょうか。それが「本音」ではない「本心」だということですね。依存症の回復においては「本音から本心へ」という語りの変化のプロセスがあると。それはとても普遍的なのではないかと思いました。上岡さんは、植松被告の供述を「彼はまだ本音しか話せていない」と言っています。だから、メディアはそれを彼の本心だと思って流さないでほしいと。彼にも本当は、もっと回復の道があるはずなんだ、とおっしゃっていました。

雨宮　じゃあ、植松被告が本当の本心を語りはじめたら何を話すんでしょうね。もしかしたら、「寂しい」とか「友達がほしい」とか……。

熊谷　ジェンダーの影響も大きくて、男性はいかに本心を押し隠すかという圧力に晒されているので、なかなか語ろうと思っても語れません。依存症のグループでも、男性のグループと女性のグループでは回復のプロセスに違いがあり、男性の場合、回復とか社会復帰のイメージが、やはり「また働ける」とか「家族を持てる」といった固定されたものになりがちだそうです。他方、女性の場合は「家族はもうこりごりだ」という人が多くて、別の人間関係のネットワークをつくっていくことをイメージしていると聞きました。男性たちの加害性の中にも、そういう本心の抑圧があると思いますね。

雨宮　政治家とかメディアの中にも「本音」トークを過剰に称賛する雰囲気がありますよね。それに対して、平和とか人権を大事にしようと言う人は「お花畑」と叩かれる。「朝まで生テレビ」とか「たかじんのそこまで言って委員会」とか、90年代の田嶋陽子さんが出ていた番組とかでは、フェミニストがさんざん嘲笑されていましたよね。

熊谷　それも、当事者研究とすごく近いところにある話だと思いますね。かつて「青い芝の会」が言った「われわれは愛と正義を否定する」というのは、いまから考えても衝撃的な言葉だと思うんです。私も先輩たちから、あの言葉のおかげで自分たちの内なる優生思想を乗り越えることができたと聞かされてきました。当事者が絞り出す本心の言葉というのは、「ぶっちゃけ」と語られるような、薄っぺらい本音より迫力があって、聞く側にも衝撃を与えるものですが、そういう言葉に触れる機会が少ないですね。そういう言葉をもっと世の中に広げる必要があると、べてるの家の向谷地生良《いくよし》さんともよく話します。それはひとつの運動なんだろうと思います。当事者研究が当事者運動である根拠というか。そういう言葉の強さというのを広げたいと思うんです。

教室にも広がる排他主義

雨宮　そういった本心を語ることが難しいのは、成長の過程でそういう体験が乏しいからでしょうか。教育ができることはなんだと思いますか。

熊谷　学校とか教室の運営そのものが、子どもたちに伝えているメッセージがあるように思いますね。学校って、教科書の内容以前に教室という小さな社会の運営そのものが、この社会で他者と生きていく作法を体得する空間になっているはずだと思います。しかし、私の小児科医としての経験からしても、少しでも教室の秩序を乱すような子に対しては「あの子、障害があるんじゃない」などと言われる。

雨宮　言いますよね。最近は「ガイジ（障害児の略）」って言葉もいじめに使われるみたいですが。

熊谷　多様な人や多様な声がある空間をひとつの社会として、自分たちの共同体として運営していくという経験がいかに困難になっているかということだと思います。私たちが子どもだったころと比べても、ある側面で見るとかえって排他性が増しているという気がします。少しでも違ったところのある子には、診断名をつけ、「きめ細やかに」配慮して、みんなの空間から排除するというか。粘り強くコミュニケーションをとって共同体に包摂していくということが、ある面で少なくなっていると感じます。

雨宮　大人の発達障害というのもポピュラーに認知されてきた反面、「あの人アスペ（アスペルガー）っぽいね」とか言われることも増えて、理解というより排除、線引きが進んでいるような気もします。

熊谷　平井秀幸さんという社会学者が「慎慮主義」という言葉で言っていましたが、社会の秩序に順応的であることを過剰に求める傾向が、先進国で強まっているといいます。それが進みすぎた結果、秩序に対する異議申し立てや「和を乱す」ような振る舞いをする人が排除の対象になる傾向が増していると。ＬＧＢＴＱや障害といった多様性に対する理解が進む一方で、それらが尊重されるのはあくまで秩序に反しない限りで、少しでも問題を起こせば共同体から追いやられるというわけです。

雨宮　それはありますね。私みたいに社会運動なんかする人間、国のやることに対して声を上げる存在も、ゆくゆくは病気や障害にカテゴライズされていくのではという恐怖が最近、妙にリアルにあります。「反社会的○○障害」みたいな診断名で、危険人物扱いされて隔離されるような。

熊谷　そうですね。平井さんは文献研究と刑務所の調査を通じてそういう議論をしています。表面的には多様性を称賛しながら、行儀よく振る舞うことができる人だけを包摂して、それ以外を排除する傾向が強まっていると。

雨宮　そういう空気と相模原事件も、すごく通じているような気がします。植松被告自身も措置入院を受けていますし、自分が排除されることにすごく怯えていたんじゃないか。これ以上「病気」のレッテルを貼られて社会にいられなくなる前に、防衛的に障害者の人たちを攻撃した部分もあるんじゃないでしょうか。

熊谷　そういう面があるかもしれませんね。コミュニケーションというのは摩擦のような部分があって、言ってみれば「和を乱す」ことからしか始まらないという面があるのですが、それを避けようとするあまりに、コミュニケーションそのものが成立しなくなっていると感じます。

医療者と自己責任論

雨宮　福生の病院で起きた人工透析中止の問題について気になって調べていたのですが、知り合いの医師の中にも「あれは全然問題のない対応だった」という人もいるし、別の医師は「大問題だ」と怒っている。わざわざ手紙を送ってきて、いかに正当な処置だったかを書いてきた透析医もいました。あの件についてはどう思われますか。

熊谷　医療者が一部の患者さんに対して持つスティグマの問題は深刻です。海外の研究ですが、特定の属性――民族であったり貧富であったり――に対する医療者のスティグマ意識が強いという研究もあります。つまり、ある属性を持っているからこういう病気になるんだ、不健康になるんだという偏見を持ちやすい。そういうことから医療者の偏見を正す教育が必要だと言えそうです。

精神疾患とか依存症、生活習慣病の場合とくにそうですが、本人の意志の弱さとか健康管理の不足によって病気になると思われがちです。本来であれば、医療者こそがそういう偏見の生じるメカニズムを理解して、率先して偏見を払拭《ふっしょく》するための発信を社会に向けてするべきだと思うのですが。

雨宮　私に手紙を送ってきた透析医の方も、「糖尿病患者は自己管理ができていない人が多い、患者の中にはどうせ透析で解決できるんだからとやりたい放題の生活をした果てに救急搬送されてきて臨時透析を受ける者もいる。自分の不摂生のためにそうなった患者にまで、医療はどこまでも対応しなければならないのか」といったことを書いていました。これなんか、まさにという感じですね。

熊谷　そのものですね。ある意味では正直で、とても典型的な反応でもあると思います。医療者がそういう反応をしがちなのは、実際にそういう患者さんと接して、最前線で振り回される立場にいるからです。オーバードーズやリストカットでなんとか生きのびようとしている当事者と接する医療者の側に知識がなければ、残念ながら「やっていられない」という偏見を持ってしまうことになります。

振り回されるだけで知識を持っていないと、ナイーブな自己責任論になりがちですが、実は本当に必要なのは、依存症臨床の知識なんですね。生活習慣病を依存症臨床の観点から見ていく必要があると考えています。自己破壊的な行動をなぜしてしまうのかというのは依存症のメカニズムとして理解でき、その知識がある医師は深く正しい対応ができるでしょう。残念ながら現在は、依存症臨床の知識があまりに軽視されていて、正規のカリキュラムの中にも組み込まれていないので、心ある医師が独学で学ぶしかない状況です。

問題となった人工透析の中止をどう評価するかは、情報が十分ではないので軽々に言うことはできませんが、意思決定のプロセスが正当であったか否かの問題とは別に、そうした臨床的な知識があれば、先ほどの医師の方のような意見にはならないと思います。

不足しているのは供給よりも需要

雨宮　もうひとつ、人工透析中止を正当化するロジックとして、人工透析が莫大な医療費を使っているからという意見もあります。これはどう考えますか。

熊谷　本当に財源が逼迫《ひっぱく》しているのかというのを、冷静に議論する必要があると思います。

私は経済については不勉強なので多くを語れないですが、ごく原理的に語ると、いまの日本の経済状況はデフレだと言われていますよね。だとすれば、足りないのは供給ではなくて需要のはずです。立岩真也さん（立命館大学教授）も同様のことを発言されていますが、供給が足りていないならば、みんながもっと働いて商品を生産する必要がある。けれども現在足りていないのは需要なわけですから、それはみんなが「我慢しすぎ」だということではないでしょうか。本来であればもっと需要があるべきところを、みんなが我慢して買わないものだから、経済が回らなくなっている。

非常に素朴かもしれませんが、そういうふうに考えると、いま問題にされるべきは個々人の「生産性」ではないはずです。むしろ個々人の「必要性」をもっと言わなくてはいけない。みんなが我慢して、本当は助けてほしいのに「助けて」と言えないし、本当はもっと生きたいのに「これ以上生きなくていい」と言わされている。本来あるニーズが十分に市場化されていないことが、この間起きている現象のストレートな解釈なのではないかと思うのです。

障害者福祉の分野でも、この十数年、就労支援ということがさかんに言われて、なんとか少しでも働かせようという強迫観念に駆り立てられています。しかし、いまの社会全体を眺めたとき、本当にそんなに全員が無理して働かなくては回らない社会なんだろうか。もちろん働くことに喜びや生きがいを感じられるのも確かですが、そうでない人まで無理して、必要性に蓋をしてまで働かなくてはならないのは本末転倒ではないだろうか。そう思います。

雨宮　とにかく労働者に厳しくして、無理をさせれば生産性が上がるんだというのも、日本特有の信仰に近いような気がしています。日本経済について「生産性の向上が必要だ」というときにも、賃金は据え置きのまま労働者がもっともっと働いて、たとえばたくさんモノを作ることだというような決めつけがありますが、海外のエコノミストの意見だと、むしろ日本は労働者の賃金を切り下げ続けたから需要もどんどん低迷してデフレになっているので、政策的に最低賃金を大幅に引き上げれば、貧困が解消されて好循環が生まれる、という主張もあるみたいです。

熊谷　必要性と生産性というのは、ひとりの人間に備わった二つの側面ですが、どちらに価値が宿るかといえば、生産性ではなく必要性だと思っています。なぜかといえば、生産性というのは誰かの必要性を満たしたときにのみ、二次的に価値が発生するからです。誰のニーズも満たさない生産性にはなんの価値もありません。だから、二つを比較するなら明らかに必要性に優位があるのです。その順序を間違えてはいけない。言い換えれば、つまり「堂々と生きていていい」ということなんですが。

私たちは堂々と自分のニーズを市場化していいのです。この序列は景気の動向に関係なくそうだと言えるのですが、輪をかけて、現在の経済の問題がデフレなのだとすれば、もっと強く私たちは必要性の重要さを言っていいはずです。もちろん、社会を運営していくには誰かが働く必要があるわけですが、デフレなのに皆が自分の必要性を押し殺し、ここまで社会の全員が労働に駆り立てられる社会というのは、果たして本来のありかたなのだろうかと感じます。

社会の中の分配の原則を考えた場合、二種類の方向があって、たくさん生産した人に多く分配するのを「貢献原則」、より必要性を持った人に多く分配するのを「必要原則」として、その二つの原則のミックスが国の経済のありかたを決めると考えることができます。貢献原則だけで社会を構成しようとすれば、優生思想に限りなく近づいていきます。私は、先ほど言ったように生産性よりも必要性に優位があると思っているので、必要原則の価値をもっと言っていく必要があると思っています。

「経済の空間」よりも「政治の空間」を

雨宮　日本人にとって労働って宗教みたいになっていて、「働かざる者食うべからず」「働けないなら人としての扱いを受けなくて当然」という意識が強くありますよね。

熊谷　そうですね。労働の問題とか医療費や福祉の財源の問題というのは、私たち障害者にとってはある意味で日常のようなところがあります。通りすがりの人にいきなり「税金ドロボー」と罵声を浴びせられたこともありますし、うっかりオフィス街の居酒屋なんかに入ろうものなら、サラリーマンから地獄のような絡まれ方をすることもあります。

雨宮　えーーっ。それは怖いですね……。

熊谷　そういうときのために、いわば想定問答集のように、自分なりの回答を用意してはあるのですが、なかなか納得してもらえないところはありますね。

雨宮　「障害者には生産性がない」という批判に対して「いや、生産性はある」と返すのはダメですよね。べてるの家で、精神障害者の人たちが昆布を売って年商1億円稼いでいるというのがよく言われますが、「稼いでいる」ことがことさらに持ち上げられるのは、本質とは違うように思っていました。

熊谷　はい。そこは重要なポイントですね。「障害者にも生産性がある」という言い方では、優生思想の枠組みの中でしか反論できていないことになるので。年商1億円はもちろん事実なのですけれど、べてるの家が大事にしているのはそこではないでしょう。彼らの働き方を見ていて私が思い出すのは、政治哲学者のハンナ・アーレントが言った、労働・仕事・活動の三類型なんですね。

雨宮　どういうことですか。

熊谷　アーレントは、人間の活動には三つあって、労働（Labor）、仕事（Work）、活動（Action）だと。そのうち労働（Labor）は、衣食住を満たすために不可欠な、ある意味では仕方なくする作業のことで、基本的には動物もしていることです。対して仕事（Work）は、それまで存在しなかった作品を生み出して後世に残し、人間の文化に何かを付け加えること。そして活動（Action）は、政治的なコミュニケーションです。人と人が集まって自分に見える世界を表現しあい、共有された現実をつくりだすこと。アーレントは、この「仕事」と「活動」こそが人間が人間たる条件だと言ったのです。

べてるの家の標語は「手を動かすより口を動かせ」というもので、アーレント的にいえば活動(Action)が重視されていることがわかります。労働としての昆布詰め作業をみんなでしながら、お互いの近況や身体の調子や、自分が持っている幻聴とか苦労を話すことで、お互いの世界を共有しあう。自分にはＵＦＯが見えるとか、ＦＢＩに追われているとか、それぞれの見ている世界は違うのですが、それを持ち寄って共有する中で現実が立ち上がってくる。アーレントは「現れの空間」と言っていますが、そういう政治的な活動だと言っていいと思うのです。

アーレントは、労働が行われる場を「経済の空間」、活動が行われる場を「政治の空間」と区別して、近代社会は経済の空間だけが肥大して政治の空間をなくしてしまったと論じています。なにかと言えば生産性とか効率性だけが問われる現代も、まさにアーレントが危惧したように、経済の空間だけに覆い尽くされていると言えるでしょうね。そしてそれは、経済の空間さえも安心できるものになっていないからこそ起きている現象と言えるでしょう。

岩永直子×雨宮処凛

第3章

命を語るときこそ、ファクト重視で冷静な議論を

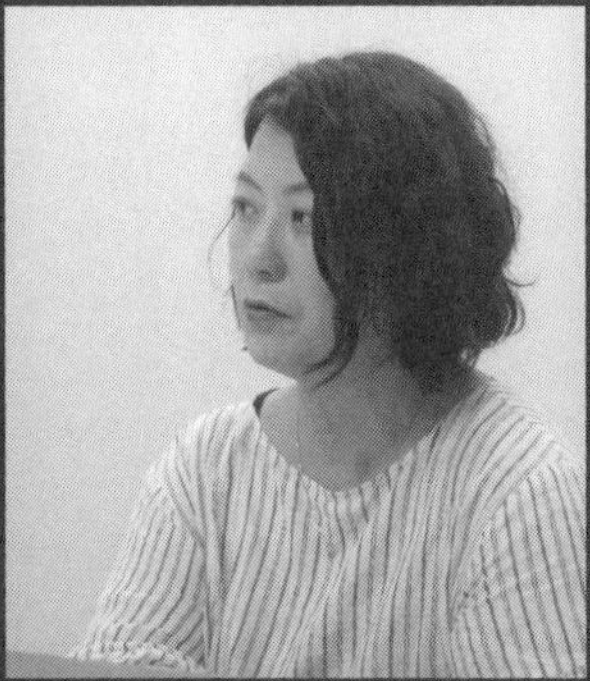

彼女の存在を知ったのは、相模原事件が起きてから。序章で触れた立岩真也氏の発言も、岩永さんのネットニュースの記事を通じて知った。生命倫理、終末期医療、尊厳死などをテーマとした鋭い記事は、いつも私に大きな気づきを与えてくれる。医療記者としての立場から、「ファクト」をもとに論じる大切さをうかがった。

岩永直子（いわなが・なおこ）
BuzzFeed Japan 記者、編集者。読売新聞記者、「ヨミドクター」編集長を経て現職。医療、障害、尊厳死やＨＰＶワクチン問題などを取材・執筆。担当記事は以下で閲覧可能　http://www.buzzfeed.com/jp/naokoiwanaga

雨宮　岩永さんは、ネットニュースサイトのBuzzFeed Japanで、障害や生命倫理に関する興味深い記事を多く手がけてらっしゃいます。こうしたテーマを取材するようになったのはどうしてなんですか。

岩永　BuzzFeedに来る前は、読売新聞の記者を20年近くやっていました。もともと医療取材がやりたくて、医療の専門部があった読売に入社したんですが、はじめの10年は事件取材ばかりで、その後ようやく医療担当になれました。最後の2年は医療・健康・介護の情報サイト「ヨミドクター」の編集長として、比較的自由に記事を書かせてもらいました。紙面では脳死による臓器移植やがん、性・生殖、遺伝子医療の取材を通じて自然とそうしたテーマを扱いましたし、ウェブに移ってからは、読者との双方向性を活かしたいと考え、終末期医療など世間で議論が分かれている医療問題について読者と議論するような発信を試みました。

雨宮　医療への関心はどこからお持ちになったんですか?

岩永　もともと医療系の勉強をしていたわけではなくて……。大学2年のとき、父ががんの治療をしたことから死について考えるようになって、ホスピスでボランティアを始めたんです。その経験から、ホスピスの患者さんやスタッフにインタビューして卒論を書いて、本に書かれていることと現場で見聞きすることはかなり違うということを実感しました。そして、病気の体験は人生でかなり重要な位置を占めることも。そういう中で、現場の人に話を聞いて伝えることが自分に向いていそうだと思って記者を志したんです。

「命は大切」では植松の論理に対抗できない

雨宮　それが岩永さんの原点なんですね。岩永さんの記事は、終末期医療や安楽死・尊厳死など、命の本質にかかわるテーマもあってとても興味深いです。相模原事件が起きたのは、まだ新聞社にいたころですか?

岩永　ええ。ヨミドクターの編集長のときでした。ちょうど終末期医療に関する連載をやっていたので、その寄稿者の方々に、緊急に事件についても書いてもらいました。というか、触れざるを得ないという感じでしたね。それ以前から、ヨミドクターでは難病患者や性的マイノリティ、認知症の人たちに連載を持ってもらっていました。病気や障害の経験だけにフォーカスするのではなくて、その人たちの日常的な生活や考えていることなどを発信してもらうことで、読者にもその存在を身近に感じてもらえるかもしれないと思ったのです。そういう中で相模原事件が起こった。そうしたら、寄稿してくれていた障害や認知症がある人たちが、みんな具合が悪くなってしまったんです。心理的なショックだけでなく、実際に体調を崩してしまう。障害などハンディを持つ人たちに対してあの事件が与えた衝撃の大きさというものを、それによって実感しました。

雨宮　そうでしょうね……。

岩永　一方で、SNSなどネット上の世界では、植松被告の論理を肯定するような発言をする人が少なからずいた。それにも恐怖を覚えました。植松被告の論理は、重度の障害者を生かしておくには莫大なお金と人的なコストがかかる。だから世界経済のため、日本のために彼らを安楽死させるべきだというものです。言葉はきれいでも、これは優生思想そのものです。そういう考えって、頭に浮かんでも即座に振り払うというか、公言すること自体が許されないものだと思っていたんですが……。それが歯止めなく溢れてきたような恐怖を覚えて、これはなにか特異なできごととか、自分たちとは無関係な「異常者」の起こした事件と片付けてはいけないのではないか。そう思ったのですね。

雨宮　事件のあと、テレビなどさまざまなメディアで「命は大切です」「すべての人に生きる権利があります」といったことがさかんに語られていました。でも、その同じメディアが日ごろ言っていることって、「少子高齢化で社会保障の先行きが危ない」とか、そういうことばかりですよね。そういう言説を真に受けて、突き詰めていった結果が植松被告の犯行だとしたら、「命は大切です」とお題目をくりかえしたところで、空回りにしかならないと思うんです。

岩永　そうですね。メディアの一員として、彼の論理に対抗できているのかということは強く考えました。

敵を見誤ってはならない

雨宮　私はこの十数年、反貧困の運動にかかわって現場での支援活動もしてきましたが、そういう中でもやっぱり嚙み合わなさというか、言説の上での正義と当事者の実感のずれという経験を持っています。

ひとつの例としてなんですが、２００８～09年の「年越し派遣村」のとき、派遣切りされて困窮した人たちが日比谷公園での炊き出しに集まりました。そういう人たちと雑談したりしていると、若い人の中にはわりとナチュラルに、年長世代や正社員層への敵意をあらわにする人がいたんですね。「団塊世代から選挙権を剝奪すべきだ」とか「正社員が特権を独り占めしてるから自分たちは貧しいんだ」というような。そういう声は、生存権を求めるデモなどでも結構出てきた言葉でした。

支援者とかデモの主催者は、ある意味インテリの人が多いし、世代間対立に持ち込むべきではないとわかっているので、そういう発言をとりなすこともあれば、聞き流すこともありました。でも当事者の中には、確実にそういう実感があるということを強く感じていました。高度成長期にいい思いをした年長世代が高齢化して、人によっては自分たちが１カ月働くよりもずっといい額の年金をもらっている。その上、非正規で働く若者を「だらしない」とバッシングしたりもする。そんな高齢者のために自分たちの世代がこれ以上苦しむのはごめんだ、というような。

植松被告は、それを年長世代でなく、さらに弱い立場の障害者に向けたわけなので、まったく弁護できないはずですが、「それも一理ある」という声が実際にネット上などでは出ていました。それが怖いなと思ったんです。

岩永　そうですね。そういう当事者の実感を頭ごなしに否定しても解決しないんだろうと私も思います。ただ一方では、そうは言ってもファクトはファクトとして存在するわけですから、まず事実に基づいて議論することを大事にしたい。間違った論理や仮想敵を設定して攻撃することで、むしろ別の誰かを利するようなこともあるわけですから。できるだけ事実に基づいて、冷静な判断のための材料を提供したいと思っています。

雨宮　植松被告の卑怯なところは、衆議院議長宛ての手紙の中でも、障害者の家族とか施設の職員の大変さを強調して、むしろ彼らのためにやってあげると言わんばかりのところですね。善意の仮面をかぶって最悪の行為に及んでいる。

岩永　ヨミドクターでも、「介護者の過大な負担が事件の一因ではないか」という論調の記事に、多くの賛同コメントがついたことがありました。もちろん介護者・介助者の方々のつらさは承知していますが、それが直接に事件の動機になったとも思えない。みんなそれぞれに不遇感を持っているので、そこには共感しやすいのでしょうが、ミスリードされやすい感情でもあるので、気をつける必要があると思います。

医療費は本当に破綻寸前なのか？

雨宮　国の借金が1000兆円を超えて国の財政が破綻寸前だ、だから社会保障費を削らなくては……ということが長年言われてきました。そういう財政危機論を煽ってきたためにこんな事件が起きてしまった、悪いのは財務省ではないかという意見すらありますが、どう思いますか。

岩永　財政の問題は私も門外漢なので自信を持っては語れないのですが……。昨年、社会学者の古市憲寿さんと若手メディアアーティストの落合陽一さんが『文學界』（2019年1月号、ウェブ上では2018年末に「文春オンライン」に掲載）での対談で「終末期の1カ月の医療費が多大なので、高齢者の延命治療をやめるか保険適用外にすれば財源が浮く」といったことを話して、強く批判されたことがありました。

雨宮　「財務省の友達と一緒に詳しく検討した結果」というものですね。

岩永　それを受けて、BuzzFeedで配信した二《に》木《き》立《りゅう》先生（日本福祉大学名誉教授、医療経済学）のインタビュー記事[*1]が参考になると思います。二木先生は、「終末期医療費が医療保険財政を圧迫している」という言説は以前からあるものの、恣意的なデータ解釈や誤解に基づくものだとして、再三批判しています。厚生労働省のデータでも、いわゆる終末期（死亡前1カ月間）にかかった医療費は約9000億円（2002年度）で、同年度の「医科医療費」（歯科や調剤費用などを除いた医療費）の3・3％にすぎません。

しかも、ここには救急救命などの急性期医療のコストも含まれているんです。そうすると、私たちがイメージする「終末期」の患者さんを生かすためにかかるコストというのは、医療費全体からすればごく一部にすぎません。

雨宮　つまり、急に倒れて搬送されて、手を尽くしたけど亡くなってしまった。そういうケースも「死亡前1カ月」に入るんですね。

岩永　そうです。2018年に政府が経済財政諮問会議に提出した予測でも、日本の社会保障給付費（対GDP比）は2040年で24％とされています。フランスやスウェーデンの現在の数字より少ないし、現在の21・5％からみても数ポイントの増加にとどまります。これが日本の財政を破綻させるかといえば、それは言い過ぎではないでしょうか。

二木先生は、過去にも何度も医療財政の危機論がくりかえされていることを指摘しています。オプジーボなど、新たに開発された高額医薬品が保険適用となるたびに、医療保険財政が破綻すると危機が煽られました。人工透析が導入されたときもそうです。でも実際は、技術革新や薬価の改定などで、医療保険が破綻することはなかった。先日、承認されたばかりの「キムリア」という新しい白血病の治療薬があって、この薬価は1患者あたり約3350万円となりました。これで今度こそ医療財政が破綻するという意見も早速出ていますが、過去の事実を見ることで、冷静な議論ができるのではないかと思います。

雨宮　新薬とか技術革新で、より安く命を救うことができるようになったなら、いいことですよね。

岩永　ええ。ＡＩ（人工知能）やＩＣＴ（情報通信技術）の利用などで効率化できる部分も相当あると言われています。そういうファクトを見ずに不安を煽るだけの議論は建設的ではないと思います。不安を煽った結果、どこかで得をしている人がいるかもしれない。

雨宮　それって軍事費の議論とどこか似ていますね。対外的な不安を煽ることで軍事費は削らない。一方、メディア上では財政危機がすぐにでも起こるように言われて、結果として国が公的な負担を削る言い訳に使われている部分もある気がします。

＊1……「トンデモ数字に振り回されるな　繰り返される『終末期医療が医療費を圧迫』という議論」BuzzFeed Japan（http://www.buzzfeed.com/jp/naokoiwanaga/ryuniki-1）

ファクトに基づく冷静な議論を

岩永　漠然とした不安ではなくて、個別の問題をきちんと見ながら、ファクトやデータに基づいて議論していく。もちろん、負担のありかたや優先順位を決める必要も出てくると思いますが、乗り越えられない危機ではないと思うんですよね。過去にもそういう危機を言われながら、乗り越えてきた事実があるわけですから。こういう議論の際、日本が弱いと思うのは、実証的なデータに基づいた議論が少ないことです。イギリスなどヨーロッパ諸国では、全国民の医療費や診療情報などがデータベース化されていて、医療用のID番号でデータ連携され、それに基づいて医療や保健政策が議論されます。対して日本では、研究者が医療・介護や健康情報のデータを連携して分析しようとしても、個人情報の壁に阻まれてしまうことがある。医療や介護のビッグデータを活用しやすくする改革は始まったばかりで、これまでは医療政策の検証がしづらい環境がありました。

雨宮　そうなんですか。それでどうやって現在議論しているんでしょうか。

岩永　そもそも日本では、統計不正問題が先日明らかになったように、ファクトに基づいた政策を考える土台となるべき統計データを国がずさんに扱っているし、国民も重視してこなかったというのは非常に問題だと思います。HPVワクチンの副反応騒ぎや震災後の健康状態の変化など、なにか公衆衛生上の問題が起きるたびに、変化や変化をもたらした要因をモニタリングするための医療データベースがないことが問題となってきました。疫学調査や公衆衛生上の政策を立てるのに毎回、苦労しているところがあります。

たとえば、データに基づく医療政策決定の歴史が長いイギリスでは、地域ごとに「剝奪指標」というものまで算出しています。持ち物やレジャー活動など、さまざまな指標に基づいて社会的排除の度合いを数値化して、それをベースに教育や生活、就労支援といった政策的介入によって格差を是正していく。そういう取り組みが日本ではまだ足りないですね。

雨宮　日本ではむしろ、そんな数字を出したら住民が嫌がるとか、地価が下がるといって反対されそうです。少し前、青山に児童相談所を作るといったら反対運動が起きたというのが話題になりましたよね。

岩永　過去の例で、障害者のグループホームを作ると地価が下がるといって周辺住民が反対したのですが、施設側の弁護士が他の地域の施設のケースを検証したところ地価はまったく下がっていなかったということがありました。やはり、イメージではなくてファクトを見ることが大事です。古市・落合対談の場合も、すぐにネット上で批判の声が上がり、二木先生のデータも引用してファクトに基づく批判がなされました。こうした批判に、のちに落合さんも発言を一部撤回しました。ネットメディアの記者としては、こうした指摘によって健全な方向に議論が修正されていくことには期待しています。

敵意の言葉はどこから生まれるのか

雨宮　古市・落合対談と同じ２０１８年には、自民党の杉田水脈議員が『新潮45』誌で「ＬＧＢＴには生産性がない」と書いたことに批判が広がり、結果として事実上の廃刊に追い込まれました。『文學界』も『新潮45』も日本を代表する出版社の歴史ある雑誌なのに、ああいう差別的な発言がノーチェックで出てしまうことに、メディア側の劣化も感じています。

岩永　より刺激的な言説が売れると、経験から学習してしまっているのかもしれませんね。それでも、かっては「これは活字にしたらまずいだろう」という感覚が記者や編集者の中にあったと思うのですが。

雨宮　雑誌はどんどん売れなくなっているから、なりふり構わなくなるんでしょうかね……。

岩永　杉田水脈議員の「生産性」という言葉は、LGBTの人だけではなくて障害者や難病の人、認知症の人など、社会的弱者といわれる人すべてに向けられかねない。そういう危険なキーワードだということを多くの人が感じ取ったので、LGBT以外からも批判の声が上がったのだと思います。そういう連帯が生まれたのは、勇気づけられる動きでした。

雨宮　相模原事件と同じ2016年には長谷川豊氏の人工透析の患者に対する暴言もありました。なんだかこの数年で、社会のいろいろなところで歯止めが利かなくなって、剝き出しの憎悪が噴出しているように感じます。どうして、いつからこうなってしまったのでしょうか。

岩永　はっきり「いつから」とは言いにくいのですが……。障害者や難病患者、高齢者に対する暴言ということでいえば、石原慎太郎とか曽野綾子といった人たちは、その手の発言をくりかえしてきましたよね。これまでも存在していた差別的な価値観が、SNSの普及によって可視化されて、しかも炎上などの形で目立つようになった面もあると思います。誰もが発信できる時代に、新聞など既存メディアの権威が失われる一方で、多くの人がネットで情報に触れるようになり、そこから影響を受ける度合いが増しています。医療デマなどに関しても、より「わかりやすい」ほうを人間は信じてしまうという研究があります。わかりやすく断定的に語る物言いがネット上ではもてはやされるので、過激な言説やファクトに基づかない情報が広がってしまうことがありますね。

人工透析の中止は適切だったか

岩永　昨年、福生の公立病院で、人工透析の中止を一度は選択した女性が、苦痛から治療の再開を求めたにもかかわらず、再開されずそのまま亡くなった事件がありました。この事件について記事を書いたところ、医療関係者から「あれは問題のない措置だ」と病院側を擁護する反応がけっこうありました。

雨宮　私のところにも実際に人工透析に携わっているという医師の方から手紙が来ました。それによると、糖尿病患者には自分の不摂生でなった人もいて、彼らの人工透析に莫大な医療費が費やされている。そういう現実があるのだから、病院が透析を中止した判断は間違っていない……といったことが縷々《るる》書かれていました。

岩永　その手紙、私のところにも来たような気がします（笑）。

この問題ではその後、同病院の複数のケースで透析中止に対する同意書が保存されていなかったことが明らかになり、手続き上も問題があったとされています。ただ、この女性のケースに関しては、一度は本人が中止に同意しているので、その後の経過を丁寧に見なくてはいけないと思いますね。そして本当に終末期だったのかも検証されるべきでしょう。

知り合いの救急医に「先生なら、そういう場合どうしますか」と聞いたら、「一時棚上げする」と言うのです。「患者が苦しんでいれば、とりあえずその場では救う。そして回復したらまた本人が考えればいい」と。たしかに、体調ひとつで人間の気持ちなんて変わるものなのですよね。あるいは、社会的な境遇が影響しているなら、その面でケアを受けることでまた生きたいと思うかもしれない。人間にはそういう複雑さがあるということは忘れずにいたいです。

経済格差と健康は密接につながっている

岩永　私が新聞社の医療部で取材を始めたころ、健康格差の問題を扱ったことがありました。当時、市区町村別の生命表で、沖縄県が長寿県から転落し、横浜市青葉区が日本の男性の長寿のトップになったのですが、それは何を意味するのかを取材したのがきっかけです。

横浜市青葉区はいわゆる高級住宅街とされます。収入が多く、学歴も高く健康への意識が高い住民が多い。質の高い医療機関も、公園やジムなど運動の場へのアクセスも豊富でしょう。しかし、お金持ちの多い地域は寿命が伸び、貧困な地域の寿命は短くなる、そういう社会でいいのか。最初にそういう問題意識を持ったので、その後医療や健康の問題を考える上でも、常に社会経済的な要素を意識する癖がつきました。

貧困は健康の悪化に直結します。たとえば、もともと母親の栄養状態が悪いと、子どもはお腹の中ですでに糖尿病のリスクを持って生まれてしまうという可能性が研究で指摘されています。そして、生まれた家庭が貧しければ炭水化物主体のジャンクな食事が増えますし、運動の機会も減り、教育が不十分だと自分の健康管理への意識も育たないし、進学や就職も不利になる。そういうことが積もり積もって不健康になるのはまったく自己責任の問題ではないんです。「生活習慣病」という言葉自体が、個人の習慣とか意識に起因する病気というニュアンスを与えるのでよくないと思っています。

雨宮　そうですよね。たとえば派遣労働でしょっちゅう職場と住まいが変わるような雇用だと、鍋も食器も持てないという声があります。引っ越しにお金なんてかけられないから、いつでもカバンひとつで引っ越せる状態にしておかないといけない。結果としてコンビニ食品ばかりになってしまうのも、好きでしているわけではなく、環境がそうさせている。

岩永　ヨーロッパでは健康格差が喫緊の課題とされていて、階級社会のイギリスでも公的な対応を迫られています。日本でも、国の健康計画である「健康日本21（第2次）」で「健康格差の縮小」が掲げられましたし、これだけ格差が広がっているわけですから、医療に携わる人にはそういう視点を持ってもらいたいですよね。

雨宮　本当にそう思います。「どうしてこんなに悪化するまで治療しなかったんだ」と言われても、お金がないから病院にも行けない現実を知ってほしい。そういう認識は、医療に携わる人に絶対必要だと思うんですが、大学ではその辺のことは学ばないんですか。

岩永　通常の養成課程ではあまりないようですね。医師をめざす人も高学歴で恵まれた家庭の人が多いし、努力して勝ち上がってきたという意識が強いので。

先日、上野千鶴子さんが東大の入学式でスピーチして話題になったように、努力したくても努力できる環境にない人も数多くいるんです。努力する意欲を保つのにも、親の励ましや勉強できる環境など、家庭環境が大きく影響しますから。そうした結果の一面だけを見て、「自己責任」とか「本人の選択」、あるいは「親の管理がなっていない」などと断定することには慎重でいたいと思っています。

医療費を抑制するために、生活習慣病などの予防に努めている人の保険料を下げるようにすればいいといった議論もよく出てきますが、その発想も、個々人の置かれた環境によるスタートラインからの差を無視しています。

雨宮　麻生太郎氏も、過去に「たらたら飲んで食べて、何もしない人の分の金（医療費）を、なんで私が払うんだ」といった発言をくりかえしていますね。

岩永　そこまで言うなら、生まれたときから国が手厚いケアをして、家庭環境などスタートラインからの差を是正していかなければ。予防医療では「上流から下流」という言い方もされますが、成人して病気になってからでは、いくら医療で介入しても、その人の社会資本的な貧しさに起因するものはなかなか取り戻せないんですね。できるだけ早くから手当てして、生活習慣や文化資本の不足を補ってあげることで、格差を埋めていけると言われています。そういう状況を長年放置してきた政治家が、「生産性」だとか「病気は自己責任」だと発言することには、見識のなさを感じますね。

安楽死・尊厳死をめぐって

雨宮　安楽死・尊厳死のことも伺いたいと思います。

　個人的なことですが先日、14年間をともに暮らした猫の「つくし」を看取ったんです。私にとっては子どもであり、恋人でもあるような存在でしたが、リンパ腫と診断されて、あっという間に亡くなってしまいました。ペットと人間は当然違いますが、私はいままで、人間の安楽死・尊厳死の法制化は、医療費などを言い訳に命の選別につながるから反対だと思っていました。でも、病気のつくしが余命1カ月と宣告されて、すごく怖くなったんです。ものすごい苦しみ方をして死ぬんじゃないかと考えてしまって。そんなとき、最後には安楽死という選択肢があると思うと、とてもホッとしたんです。実際、獣医さんとも安楽死について話していました。最悪の場合、ここに駆け込めばいいと思えたことは本当に救いでした。

　ペットの安楽死を選んだ飼い主の経験などを聞いても、みんな決して安易に選択しているのではないんですね。結果的に、つくしはそれほど苦しむこともなく亡くなったので安楽死を選ぶことはなかったんですが、1カ月の間、看取りの覚悟をしながら猫の介護をして、あれだけ安楽死について考えた期間はありませんでした。

岩永　私もずっと取材して記事を書いているのですが、30代で多発性骨髄腫という血液のがんになった写真家の幡野広志さんが、安楽死を可能にするよう求めて発言しています。安楽死には個人的に反対しつつも、それを求める人の声を無視してはいけないと思って、幡野さんとも議論というか対話を続けている状態です。

まず、安楽死と尊厳死がよくごっちゃにされて議論されるのですが、その区別から始める必要があります。尊厳死は過度な延命治療をせずに自然な死を待つこと。安楽死は、苦痛から逃れるために医師の投薬や医師が処方した致死的な薬を自身で飲む（自殺幇助）などで意図的に死期を早めることをいます。それと別に、鎮静（セデーション）という苦痛緩和の処置があります。安楽死とのもっとも大きな違いは、安楽死が「死」を目的とするのに対し、鎮静は「苦痛緩和」を目的とすることです。具体的には、鎮静薬で眠らせることで苦痛を感じなくさせるものです。がんなどの末期に、痛みや呼吸困難などで耐え難い苦痛がある場合に選択されます。ただ、苦痛を感じない程度の眠りの状態で、しかしすぐに死ぬことはない、そういう微妙なさじ加減が必要なので、医師の技術も問われるんですね。

雨宮　誰もができるわけじゃないんですね。

岩永　ええ。それに、緩和ケアの専門家の中でも「鎮静は安楽死と同じだ」と考えて反対するお医者さんもいます。なので、仮に私の親が終末期にとても苦しんで、鎮静をしてほしいと思っても、医師がそれをしてくれるかどうかはわからない。それは怖いですね。

自分の大切な人が、せん妄や苦痛で死の直前に七転八倒するのを見るのはつらいものがあります。幡野さんの多発性骨髄腫という病気も、現在はいい薬もできて一定治療できるようになりましたが、少し前まではなす術がなくて、もろくなった骨が自分の体の重みで折れ、その激痛に苦しむという苛烈な病気でした。幡野さんはご自身で、過去にそうして亡くなった患者さんのご家族や医師などに話を聞きに行って、やっぱり安楽死が必要だと求めている。現状でできる苦痛緩和を考えなくてはいけませんが、鎮静に反対する医師がいまだに少なくない現状、「鎮静には頼れない」という意見にも耳を傾けなければならないと思います。

雨宮 そうですね……。

岩永 幡野さんは、鎮静という選択も否定しないけれど、それに至るまでに苦痛やせん妄を経験することになるから、安楽死の選択肢は必要だという意見です。でも一方で、そうやって発信することで終末期医療にかかわる医療者を焦らせて、鎮静という選択肢が日本でもっと普及してほしいと思っているともおっしゃっていて、それは少しホッとしたところでした。

雨宮 鎮静を行う場合にも、ガイドラインがあるのですか。

岩永 はい。耐え難い苦痛があること、他の緩和策がない、余命が短いと判断される、本人と家族の希望がある、といった条件があります。

雨宮　でも、それがあってても鎮静をやってもらえない場合もあるんですね。

岩永　そうなんです。そこは医師それぞれの判断です。

雨宮　それは困りますね……。鎮静をした場合、意識が戻ることはないんですか。

岩永　揺さぶったりして意識が戻る程度に眠りの深さを抑えることはできますが、それも医師の技術しだいなので、誰もができることではないんです。

雨宮　安楽死以外の選択肢として、いざというときには鎮静も選択できるようになるといいですね。

周囲から安楽死に追い込まれる危険

岩永　安楽死に対する反対意見として、「いくら本人の意思と言っても、そこに社会からの圧力とか『家族に迷惑をかける』といった圧力が働くのではないか」というのがあります。ALS（筋萎縮性側索硬化症）の患者さんや家族からもそういう声が出ていますし、実際にALSが進行して人工呼吸器をつけるかどうかという判断では、7〜8割の人がつけない選択をして亡くなっているわけです。そういう現実のもとでは、本人の選択だと言いながら安楽死の方向に水路づける力が働かないかといえば、間違いなく働くと思うんです。

雨宮　たしかに、そうですよね。

岩永　筋ジストロフィーなど、常時介助を必要とする障害を持つ方にとっては、常に人の手を借りて生活しているというプレッシャーがついて回ります。その日の介助者の機嫌ひとつに強い不安を感じて、簡単なことをお願いするのにも顔色を窺うようになってしまう。家族による介護でも同じで、自分の介護のために疲弊しきった家族の表情を見ていたら、やっぱり本人は安楽死の方向に引っ張られてしまうでしょう。ALSの場合、人工呼吸器をつけない選択をした患者さんには女性のほうが多いという話があります。つまり「夫に介護をさせるのは申し訳ない」という感覚が、死を選択させているということですね。

雨宮　えーっ。それはめちゃくちゃジェンダー的な問題ですね。命がかかった場面で。

岩永　そういうことを危惧するので、私自身はまだ安楽死には賛成できません。でも、幡野さんのような当事者の切実な気持ちも理解できる。幡野さんは、「最後には安楽死を選べるという安心感があることで、生きようという意欲がわく」と言っていて、それも一理あると思うんですが……。考え込んでしまいますよね。

雨宮　そうですね。

岩永　私も、安楽死や尊厳死についての真摯な議論が起こることを願って幡野さんの取材をしているのですが、一方で記事に対するネット上の反応などを見ると、安楽死と尊厳死の区別も曖昧なまま「痛いのは嫌だから」とか「潔く死にたい」といった認識で賛成する人が多くて、それも悩むところです。

雨宮　私も、つくしの安楽死を考えたとき、獣医から処置の方法を説明されて、すごく葛藤しました。何度も何度も、つくしを病院に連れていって安楽死をさせる場面を想像しました。つくしがものすごく苦しんだとして、本当にできるのかと。あとになって自分の選択をすごく後悔するかもしれないし。一方、最期にとても苦しんだ姿を見た飼い主さんの中には、安楽死させなかったことを後悔している人もいました。

岩永　終末期医療の専門家が、事実に基づいた説明を十分にして、とりうる選択肢とその結果を理解してもらうことが大前提だと思います。どちらを選んだとしても、家族には重いものを残すわけですから。

「尊厳ある生」を他者が決められるのか

岩永　一方で近年ヨーロッパでは、認知症や精神障害者の人にも、条件を満たせば安楽死の選択を認めている国があって、それはとても危険だなと思っています。

雨宮　えっ、本当ですか。それはすごく怖いですね。

岩永　「本人が耐え難い苦痛を感じている場合」というような条件があるようですが、人によって苦痛の感じ方は違いますし、本当に耐え難いと思っているかどうか、第三者が判断できるのか。妄想や幻覚に苦しんで、死にたいと思うことは十分あると思うんです。

雨宮　植松被告は、「自分が望むのは障害者を安楽死させられる世界だ」と言って、事件後にも「結果として安楽死にならなかったことは申し訳ない」と語っているようです。彼にとっては、障害を持って生きることは不幸で、安楽死によってそこから解放してあげられると思っているようです。

そこで思い出すのは、事件をうけて開かれたある集会のことです。知的障害の女性が言ったことがすごく印象に残っています。彼女は集会で集まった人たちに「生まれ変わったら知的障害になってもいいという人はいますか？　いまと同じがいいですか？」と問いかけ、「私は、生まれ変わっても障害のある自分がいい」と言ったんです。それは私にとって衝撃でした。心のどこかで、生まれ変わったとしたら、みんな障害のない自分になりたいと言うだろうと思っていたんです。そういう決めつけが、自分の中にもあった。

岩永　そういうことは、植松被告には想像できていなかったでしょうね。事件のあと、重度の障害者施設で働いた経験のある医師の方から、彼と同じような意見を言われたことがあってショックを受けました。「あの人たちには家族も見舞いに来ないし、ずっと寝ているだけで、生きていると言えると思いますか」と真面目に聞かれて……。お医者さんでもそういう考えの人がいるんだな……と。

私の信頼している新城拓也先生という緩和ケア医が、脳にダメージを受けて意識が戻らなくなった患者さんの病棟で働いていたときのことを文章にしています。そのタイトルは「植物園の人々」というんです。見舞いの家族が来ているとき以外は静寂で、ただ静かに生命を維持する人たちがいて、医療者もその生存のために淡々と仕事をする。その穏やかなようすが植物園のようだという意味で書かれています。そういう生のありかたもあると見るか、そんな生には意味がないと見るか。同じ事象でも見る人によって違う。だからこそ、それを外部から決めつけることには注意が必要ですね。古市・落合対談の粗雑さも、そういうところにあると思います。

雨宮　あの議論はそもそも、本人の希望とか尊厳とは関係なく、医療費削減の方法として言っていたわけですしね。

岩永　「尊厳」という言葉も難しいですね。自分の尊厳が守られているかどうかは言えても、他人の人生について「この人には尊厳がない」と言えるのか。さまざまな病気や障害を抱えて生きてきた人の取材を通じて、人間の底力みたいなものを感じているので、誰かの人生について、外部から「意味がない」とか「尊厳がない」と評価することには違和感があるし、自分は抗いたいと思います。

出生前診断について

雨宮　少し話が変わりますが、出生前診断についてはどうお考えですか。

岩永　これについては、小児科医と産婦人科医で意見が分かれるんですよね。小児科医の先生は、生まれてきたお子さんを診る立場なので、「どんな障害があっても生まれてきたらかわいいんだよ」といったことも親御さんに言うし、中絶せず生むべきだという信念を持つ方が多い印象です。産婦人科医の先生は、妊婦さんの心身の健康を第一に考えるので、産後に親子とも健康に生きていけるかということで、中絶の選択もありとする傾向があると思います。もちろん、個人差がありますが。

出生前診断の検査の前に遺伝カウンセリングというのをするんですが、質問の仕方によって簡単に答えを左右されてしまいそうな項目もあるんです。だから、産婦人科医が聞くか小児科医が聞くかによって、結論が変わってしまうんじゃないかという危惧を感じています。

雨宮 出生前診断については私も結論が出ていないのですが、このことが報じられはじめたころ、ダウン症の子どもが「自分は生まれてこないほうがよかったの？」と親に尋ねたという話を聞いて胸が痛みました。そういう考え方があると言われることで、ますます植松的な優生主義を社会が後押ししてしまいそうで怖いと思います。

岩永 そうですね。でも他方で、中絶を選んだ妊婦さんを断罪することもできないと思います。自責の念でうつになってしまう方も実際にいますし。「安易に中絶を選んでいる人なんていないよ」と産婦人科の先生にも言われています。

雨宮 アメリカでは最近、中絶を禁止する法律があちこちの州で成立しているとか。

岩永 あれは恐ろしいですよね。レイプされて妊娠した子でもかならず産めということですから。女性のリプロダクティブ・ヘルス／ライツの観点からすれば、中絶の権利は勝ち取ってきたものですから、それを否定することはできないと思います。

生命倫理にかかわるテーマは、一方の立場に立つことで、誰かを傷つけてしまうことがあるので、常に悩みながら記事を書いています。障害を持って生まれても幸せに生きているご家族もいるので、そういう姿を知ってもらうことも大切かなと思っています。もちろん、大変な現実から目をそらしてもいけないわけですが、どちらの先入観にもとらわれずに考えることができるように。

登戸の殺傷事件と男性の孤独

雨宮　今日（２０１９年5月28日）、川崎市の登戸でスクールバスに並んでいた子どもと保護者が切りつけられる事件が起きました。岩永さんも先ほど現地取材して来られたばかりということなので、そのことも伺いたいと思います。

岩永　はい。小学6年の女の子と、30代の保護者の男性が命を奪われた悲惨な事件です。

雨宮　たしかに衝撃的なニュースなのですが、どこかで「またか」と思ってしまう自分がいる。理不尽な形で人の命が奪われることに、なにか慣れてきてしまったことが怖いと感じます。犯人が自殺したこともあって事件の動機などははっきりしませんが、子どもを狙った事件ということで、池田小の事件を思い出してしまいました。今回の事件の加害者は、長年ひきこもっていた50代の男性だったようですが……。こういう事件で、どうして狙われるのがいつも子どもなのかと理不尽に思います。

岩永　実際の犯罪発生率は2000年代からずっと低下しているのですが、なんとなく体感治安だけが悪化している。それはやはりそのころから、動機が理解不能な無差別殺人事件がたびたび起きてきたからかなと思います。

雨宮　加害者がひきこもりだとか、オタクだったとか、そうした特定の属性で一律に「あいつらは危ない」と決めつけては絶対にいけないと思います。ただ、こうした事件では多くの場合、犠牲になるのは子どもとか女性、相模原事件のように障害者といった弱い立場の人で、加害者には孤独な男性が多いことが共通しています。どうしてだと思いますか。

岩永　なぜでしょうね……。やはり、ジェンダーは一定影響しているのかもしれません。

熊谷晋一郎さんが「マジョリティの当事者研究」の必要を言っています。[*2] 日本において成人男性であるということは、それだけで有利な立場にあるはずですが、一方では男性稼ぎ手モデルから逃れられず、働かないとか、企業社会の中で出世しないといった選択が許されないプレッシャーにも晒されている。弱音を吐くと同性からは見下されるし、女性やマイノリティからは「マジョリティなのに」と非難される。そういうマジョリティ固有の苦しさを言語化できる場が必要だと、熊谷さんと杉田俊介さんは論じています。そうした言葉にできない鬱屈を抱えた男性から見ると、働いていない女性とか子ども、障害者などは「甘えている」と見えてしまうのでしょうかね。自分はこんなに苦しいのに、と。

雨宮　ロスジェネ世代だと、正社員の職につけた人と非正規のままの人がいて、同世代の中でも明暗が分かれているというか、世代内格差がかなりある。家庭を持つことが一種の特権のようになっていて、家庭を持たない人の中には、既婚者や子持ちの人のSNSなどでの発信が「勝ち組の幸せ家族」を見せつけられ、攻撃されているように感じる、という声も聞きますね。

岩永　親世代と同じ「正社員で結婚して子どもを産む」というモデルを周囲から強いられると、それができない自分を責めてしまうんでしょうかね。普通に「しんどい」と弱音を吐けばいいと思うんですが。

雨宮　なんだか、そういう男性ならではの苦しさが、子どもや女性に日常的にぶつけられていると感じます。ベビーカーで電車に乗っただけで舌打ちされたり、保育園の建設に「うるさい」からと反対運動が起きたり、少子化だと言われるのに、子どもがこんなに大切にされないのって変ですよね。女性に対しても、セクハラはなくならないし、駅でわざと女性にだけぶつかってくる人がいるとか……。

岩永　ありますね。私もぶつかられたことがあります。

雨宮　私も。「わざとぶつかる男」、怖いですよね。

岩永　私にも子どもがいませんが、産まなかった女性への風当たりもすごく強いです。

雨宮　少子高齢化の元凶のように言われますね。人としての責任を果たしていないかのような。

岩永　「老後の介護はどうするんだ」なんて言われることもありますが、自分の老後のために子どもを産むわけじゃないと思うので……。政治家も、将来の納税者になる子どもを産むのが国民の務めだといった発言をしょっちゅうしていますし、そういう圧力はありますね。

雨宮　「子どもを産んでいない人の年金を減額するべきだ」という意見を読んだこともあります。それじゃまるで懲罰じゃないですか。

岩永　そういうふうに、自分に足りないものを社会から責められているという感覚をみんなが持っているのかな。男女とわず、ひとつのライフスタイルしか認めない世の中は息苦しいですね。

＊2……「不要とされる不安が広がる日本　熊谷晋一郎氏インタビュー（3）」BuzzFeed Japan（http://www.buzzfeed.com/jp/naokoiwanaga/kumagaya-sugitamio-3）

モンスター視するのではなく

雨宮　植松被告も、当初は父親と同じ教師をめざしたものの諦め、措置入院を受け、一時は生活保護も受けていた。客観的にみれば強者ではないはずですが、彼は自分が弱者だとは認めたくなかったのかもしれませんね。

岩永　彼自身もひとりのマイノリティだったと思います。そういう人をモンスターのように見て社会から排除することは、むしろ問題を解決から遠ざけると思います。

近年、芸能人などが薬物使用で逮捕されるとメディア上で徹底的にバッシングされますよね。薬物依存は孤立の病ともされていて、孤立の苦しさから逃れるためとも言われています。薬物依存からの回復のためには、そうやって世間が叩くことはまったく逆効果のはずなんですが。

雨宮　すごいですよね。もう、二度と社会復帰できないところまで追い込むような。

岩永　同じように、こうした事件でも、個人の落ち度や異常性として叩いて抹殺しただけでは、第二、第三の事件がまた起きてしまう。今回の登戸の事件も、背景などはわかりませんが、加害者の男性には相談したり気にかけてもらったりする人はいなかったのでしょうかね。

雨宮　だとすると、なんてちっぽけなというか、ごくありふれた関係の欠如のために、何人も殺してしまうなんて……。引き換えにしたものの大きさに、やるせない思いになりますね。

岩永　そういう事件をどう報道するかは、私たちメディアも問われていると思います。

「弱さ」をベースにつながるには

岩永　そういった苦しさを抱えた人が、それを吐き出して共有できるような場ってあるんでしょうか。

雨宮　探せばあるとは思いますが、そこにつながるルートも、持っている知識とか文化資本に左右されてしまうところはありそうです。たとえば高円寺などには貧乏人のコミュニティみたいな空間がありますが、そういう場にも文脈や文化があるから、それを共有していないとうまくなじめないこともあるんですよね。ネトウヨっぽいことを言って叱られて、二度と来なくなってしまったり（笑）。

岩永　正論と、その人自身が納得することは別ですからね。私もワクチンや抗がん剤に関するデマ情報を見るとつい反論してしまいますが、そうした情報を信じたい人にはむしろ逆効果で、強い口調で反論されるとよけい信念を固めてしまうこともある。助けようと思うなら頭から否定しないで、背景にある不安や苦しさに共感するところから始めるべきなんでしょうね。間違っても論破してはいけない。

雨宮　そうですよね。私も右翼をやっていたとき、「辞めろ」と言われれば言われるほど頑なになっていました（笑）。

岩永　まずは人間としてコミュニケーションして、お互いが抱える困難とか不安を口にできるようになるところからなんでしょうね。女性はどちらかと言えば、自分の苦労とか愚痴を言いあうことが自然とできるように思いますが、男性はそれが難しいんでしょうか。

雨宮　やっぱりプライドが邪魔をするんでしょうね。

岩永　多分、非正規雇用とか貧困で苦しい人に限ったことではないですよね。むしろ高い地位にいる人も、そこから滑り落ちる恐怖がすごくあるので、ワーカホリック的に働いたり、勝ち続けることにこだわったりしてしまうことがあると感じます。高収入の人でも、家族の関係性の希薄さに悩んでいたり、孤独のために自殺まで考えたりといった声を多く聞いてきました。健康格差の問題でも、貧富の差を示すジニ係数が高い社会では、貧困層だけでなく高収入の人々も不健康になるという研究があります。下からの敵意とか不安に晒されて、常に緊張を強いられるからなのかもしれませんね。

雨宮 自分がその境遇に見合うだけの優秀さを持っていると証明し続けなくてはいけないというプレッシャーも、ものすごくありそうですね。

岩永 相模原事件のあと、熊谷晋一郎さんが「弱さでつながろう」と呼びかけました。そういうことが必要なんだろうなと思います。熊谷先生にインタビューしたときに、性的マイノリティや障害、難病、貧困でなくとも、マジョリティもいつか滑り落ちる不安を持ち、名前のつかない生きづらさを抱えているという議論になったんです。先ほど申し上げたように、そうしたマジョリティの当事者研究も始まっていると。「自分は貧乏くじをつかんでいる。損している」というマジョリティの被害者意識を排外主義につなげるのではなく、もっと弱さや生きづらさを開示することで連帯できないか、と問いかけています。本当の加害者はマイノリティではなくて、「生産性の高さ」で人の価値を測り、すべての人を「不要とされる不安」に陥れている思想なのだということに気づいて、そこから抜け出そうという呼びかけですよね。

雨宮 べてるの家も「弱さの情報公開」と言っていますよね。もっと弱さとかダメさとか、そういうものをシェアして生きていこうということですよね。思えば、ずーっと強さや効率や速さといったものばかりに価値があると言われてきましたが、その反面、強くいられなくなった途端に自殺に追い込まれてしまうような最悪の状況がある。そんな社会はとてももろいと思います。もっと弱音を吐きあえて弱みを見せあえたら、全然違う地平が広がっている気がします。弱みを見せまいと強がっている人より、弱さをさらけ出した人のほうがずっと魅力的だと思います。

杉田俊介×雨宮処凛

第4章

ロスジェネ世代に強いられた「生存のための闘争」の物語

私に「障害者運動の凄さ」を教えてくれたのは、杉田俊介さんだった。２０００年代初頭からフリーター問題を論じつつ障害者介助の仕事をしてきた杉田さんは、相模原事件について「この事件は入口に過ぎないのではないか」と指摘する。熊谷晋一郎さんとの対談でも触れられた「マジョリティの当事者研究」はなぜ必要なのか。話はどこまでも広がった。

杉田俊介（すぎた・しゅんすけ）
批評家、元障害者ヘルパー。著書に『フリーターにとって「自由」とは何か』（人文書院）、『無能力批評』（大月書店）、『宮崎駿論』（ＮＨＫブックス）、『非モテの品格』（集英社新書）ほか。共著『相模原障害者殺傷事件』（青土社）ほか。

雨宮　杉田さんとは、2000年代にロスジェネの反貧困運動の中で知り合って以来のお付き合いです。フリーターの労働問題と、障害というテーマを結びつけて論じていた杉田さんの文章を通じて、私も障害というテーマに関心を持つようになりました。20代から介助の仕事をされてきたんですよね。

杉田　はい。大学院を卒業後、非正規のアルバイトを転々としたあと、ヘルパーの資格をとって、川崎市のNPO法人で障害者介助の仕事を始めました。以後10年ほど、介助と文芸批評の文章を書くことの二足のわらじでやってきました。現在は事情があって、文筆の仕事に専念していますが。

雨宮　もともと障害者ケアの仕事に志を持って入ったんですか。

杉田　いえ。まったくありませんでした（笑）。僕はもともと働くのが嫌というか、とにかく働くのが怖かったんです。大学院までは文学を学んでいましたが、研究者になる夢も経済的な理由で諦めて、あてもないまま日雇いの警備員などのバイトを転々としていました。そういう中で将来への不安が高まって、このままではまずいと思っていたとき、たまたま介護の資格講座を受講したんです。当時は介護保険制度が導入されて、介護市場は成長産業だと言われていたし、行政が資格取得を支援する制度もいろいろありました。

雨宮　介護の資格って、ほかの資格よりも安くとれるんですよね。

杉田　ええ。たまたまその教室で隣にいた方の娘さんに障害があって、「うちの娘が通っている施設で人を募集しているらしいから」と教えてもらって応募したのが最初です。

雨宮　じゃあ、本当に偶然なんですね。その前から障害の問題に関心があったのかと思っていました。

杉田　最初は本当に経済的な理由でした。そうして働きはじめる一方で、自分のフリーター経験に基づく文章を発表するようになり、仲間と有限責任事業組合を作って『フリーターズフリー』という雑誌を創刊しました（現在は解散）。

解決されないまま放置されたロスジェネ問題

雨宮　当時はフリーターやニートに対して「甘えている」「自己責任だ」といったバッシングがすごくて、私たちはそれに対してこれは社会の問題だ、若い人が非正規雇用にしかつけなくなったことは個人の努力の問題ではないんだと、くりかえし言わなければならなかった。いちばん早い時期にそういう問題提起をしたのが杉田さんの『フリーターにとって「自由」とは何か』（人文書院、２００５年）だったと思います。いま読み返しても、あそこで提起された問題はその後の予言のようでした。

杉田　その本のあとがきで、「ぼくらは、シンプルに『一生ずっとフリーターは可能だ』と言い切るべきです」

と書きました。それは、フリーターでも生存できる社会的な条件を現実の中で獲得していく必要がある、という意味だったのですが、自分の言葉通り、いまだにフリーター的な不安定な働き方を続けています（笑）。現在、就職氷河期世代の中年化、高年齢化が進んで、ふたたび「ロスジェネ」が社会的に注目されています。7040問題とか8050問題といわれる高齢化したひきこもりの問題も深刻になっている。当時予言的に語られていた危機が、ほとんど解決されず現在に至っている。

雨宮　完全に放置されましたよね。植松被告は就職氷河期よりも下の世代ですが、彼が事件を起こした理由として社会保障の財源や国の膨大な債務を言っているのには、強烈な反発を感じつつも、財政破綻したら大変だという部分はどこかで理解できてしまう自分がいる。なぜかといえば、それは過去20年ずっと日本社会で言われてきたことだし、現実に私たちは、そのロジックでさまざまな権利や選択肢を奪われたり切り下げられたりしてきたからです。

2010年代に噴出したヘイトの言説

雨宮　杉田さんは相模原事件が起きたとき、どんなことを考えましたか。

杉田　やはり、植松被告が介護労働者だったことにショックを受けました。自分と同じケア労働者の中から、とうとうこんな犯罪者が出てきてしまった。他人事では済まされない。同時に、これまで障害者やその家族の運動が獲得してきたものが一気に吹き飛ばされ、時代が何十年も巻き戻されてしまったような無力感もありました。介助労働の仲間の中でも、そういった思いは共有されていましたね。熊谷晋一郎さんが、あの事件以来、介助者に対する不信感にかられるようになったと話されていました。そうした当事者の不安は介助者の側にもフィードバックされていて、自分が信頼されていないのではないか、という不安も拡がりました。

雨宮 地道に築き上げてきた信頼関係を壊してしまったということですね。

杉田 相模原事件の背景として考えたいのは、障害者に対する差別や優生思想だけではなく、さまざまなマイノリティ（少数者）全般に向けられるヘイトスピーチ的な言説の蔓延です。障害者差別や優生思想の問題と、民族差別や排外主義の問題は文脈が別のものだと思っていましたが、相模原事件はそれを結びつけたというか、地続きであることを可視化したのではないでしょうか。

雇用・労働の問題やホームレス、生活保護といった問題、民族差別や障害者差別の問題、そして優生主義。さまざまな問題が連立方程式のようにつながって、複合的なヘイトが日常化している。杉田水脈議員が言った「生産性」という言葉も象徴的で、そこには労働してお金を稼ぐ能力という意味も、子どもを産む能力という意味も重ね合わされている。

雨宮 ヘイトデモの現場の動画で、カウンター（抗議者）側にいた車いすの人に、ヘイトデモ参加者が「障害者のくせに」「障害者をだしに使うな」といった罵声を浴びせたのを見たことがあります。とても驚きましたが、そこでもやはり、民族差別と障害者差別が自然につながっていますよね。いわゆる「ネット右翼」の中では、在日コリアンは生活保護を優先的に受給できるとか、障害者の運動は左翼勢力に操られているとか、荒唐無稽なことが信じられています。共通しているのは、「あいつらは甘えている」「不当に守られている」という、やっかみとか嫉妬なのかなと思います。同時に、言ってはいけないとされてきたことを、「これがリアリズムだ」と言ってしまう、タブー破りの快感があるのだろうと感じます。たしかに2010年代に入って、そのたがが外れたような感覚がありますね。

再浮上した労働・生存の問題

杉田　2000年代に僕や雨宮さんがかかわったロスジェネ論壇では、いま思うとかなり殺伐とした言葉が飛び交っていました。雨宮さんの『生きさせろ!』(太田出版、2007年)や赤木智弘さんの「希望は、戦争」(『論座』2007年1月号)もそうだし、僕の本の帯にも「私たちは、もっと怒っていい」とあった。どれも不穏ですよね。

雨宮　たしかに、ヒリヒリするような叫びがありましたね。

杉田　そういう議論は、2008年のリーマンショックと、それを受けた日比谷公園での「派遣村」を通じてピークに達し、民主党への政権交代へとつながった。けれども、その期待が宙に浮いた状態のまま、東日本大震災と原発事故の衝撃によって、労働や貧困の問題は一時、忘れられたようになったと思います。

3・11以後の社会運動の中心的なイシューは、まず原発問題、そして安倍政権になって以降は民主主義の回復とか反差別、多様性といったテーマです。原則はデモクラシーと非暴力。言ってみれば、階級的な対立から、リベラルな戦後民主主義の原則を守るということへ争点が移ってきた。そこには断絶があり、つなぎそこねられたものがあった。しかし今後の2020年代には、移民労働者が増えて、AIが象徴するような情報技術によるオートメーションによって労働者の代替が加速していく。マジョリティの日本人との間で雇用や資源の争奪戦が始まるかもしれない。いま思い返すと、雨宮さんの『生きさせろ!』の副題は「難民化する若者たち」でした。「ネットカフェ難民」という言葉もあったし、野宿者問題とフリーターを結びつける視点もありました。自分たちの存在を、移民や難民と重ね合わせるような想像力がありました。今後はそうした国内難民的な問題がふたたび噴出して、しかも移民やAIとも入り乱れて雇用を奪いあうという殺伐とした世界になっていくならば、その中でリベラルな原則を語っても説得力が乏しいというのは、僕自身もわからないではありません。

「社会的排除」から「剝奪感」へ

杉田　こうした現象を読み解く上で、雨宮さんは「剝奪感」がキーワードだと書かれていました。これは僕も納得するところです。

2000年代の貧困問題の議論の中では「社会的排除」がキーワードでした。雇用や教育、社会保障といった社会の機能からこぼれ落ちてしまうことを意味する言葉で、社会的排除の対義語は「社会的包摂」です。イメージとしては、人々の生命や権利が守られる「社会」という空間があって、そこからこぼれ落ちるのが社会的排除。それを回復して、ふたたび社会の一員に戻れるようにしましょう、というのが社会的包摂。

それに対して「剝奪」というのは、少しニュアンスが違います。「社会的包摂」が前提としていた、万人が守られる「社会」という空間があるかどうかもすでにはっきりしない。とにかく本来自分たちが持っているはずの権利とか安全が誰かに奪われている、という不安がまず先行してしまう。排除から剝奪へと、何かが変わった。「剝奪」という場合、それを奪う他者がどこかにいる。それは外敵だったり、共同体の資源を無駄に食いつぶす依存者や既得権を持つ者かもしれない。そうした敵から自分たちのテリトリーを守る、そのために先回りして攻撃するのは当然だ、という感覚があるのではないか。

雨宮　被害者意識ですよね。

杉田　そうですね。現代はグローバルな被害者意識の時代。まず漠然とした剝奪感が先にあって、それを正当化するために敵を見つけようとしている。それが在日コリアンだったり、中国の脅威だったり、権利を主張する女性や障害者だったりする。現代的なヘイトというのは、はっきり言えば誰が対象でもいい、自分たちを脅かす存在として名指しできる対象であればいい。

雨宮　よくわかります。10年前にフリーターのデモをしたりすると沿道から「働け」「甘えるな」という罵声を浴びせられましたが、最近は「お前ら日本人じゃないだろ」と言われるんです。はじめてそう言われたときはすごくびっくりしました。

杉田　ただ、植松被告自身は民族差別的な発言はしていないし、女性に対して攻撃的なことも言っていない。彼の犯行原理も、厳密にいえば障害者差別と少し違って、彼が抹殺すべきだと言ったのは「心失者」、つまり理性的なコミュニケーションがとれない他者のようです。いわば「生産性」がない障害者だけが標的で、障害者全般への敵意ではない。たとえば、コミュニケーション能力が高くて企業でしっかり働いて稼げるような脊椎損傷の障害者などは、彼の言う安楽死の対象にはならないでしょう。

ピーター・シンガーという哲学者は、権利を享受する人格主体の根拠を、自己意識の有無に置くという議論をしています。これはパーソン論といいますが、この理屈でいうと重度の知的障害者や脳死状態の人、胎児といった、通常の意味でのコミュニケーションの不可能な人間には１００％の権利を認める必要はない、という議論になります。知的障害者よりも、ある種の動物たちの生命を優先すべきだ、という話にもなっていく。

植松被告はいわば、こういう論理を突き詰めて、日本社会に有用でないと彼が勝手に判断した生命を抹殺していこうとした。彼はもともと障害福祉に関心があったわけでもなさそうなので、やまゆり園で重度の障害者の現状を見たことで、本当にたまたまそういう考えを持ってしまったんでしょう。現代のヘイト的な空気というのは、そういうふうに「誰でもいい」ターゲットを探して常に揺れ動いているものなのではないか。「理由なき犯罪」という言い方がありますが、「理由なきヘイト」なのでしょう。

雨宮　もしかしたら彼は、やまゆり園で働くまで障害者のことをまったく知らなかったから、そこで現実に直面して真面目にショックを受けてしまったのかもしれないですね。障害者を隔離して社会と触れないことの弊害が、ああいう事件につながってしまったのかもしれないと思うとやるせないですね。

重度障害児・者の生も多様である

雨宮　実際に重度の障害者の方が生きている生というのは、植松被告が言うように無意味で不幸しか生まないものでは決してないと思います。が、それを言おうとして「すべてかけがえのない命」といった言い方では、植松被告をどこかで支持するような人には通じないだろうとも思います。杉田さんが働いていたのは、やまゆり園のような入所施設ではないんですよね。

杉田　ええ。当時の言葉ではいわゆるデイサービス、通所施設です。最重度の重症心身障害児・者の方々ですが、多くは自宅で親などの介護を受け、日中だけ通ってくるのです。その後、僕は自宅での介護ヘルパーやコーディネート業務に移行しましたが。
　ざっくりと言うと、川崎市は従来から「卒業後日中在宅ゼロ」という政策を掲げて、小学校や養護学校を卒業したあと、重度の方でも日中はデイサービスに通えるように通所施設を増やしてきたのです。反面、それ以外の時間は在宅介護が前提なのですが、その代わり平日日中はデイサービスを利用できるようにして、親の介護負担を軽減しようとしてきた。その結果、川崎市では入所施設はとても少ないし、地域での自立生活もあまり多くないのです。
雨宮　それは川崎市だけですか。相模原市も同じ神奈川県ですが。
杉田　日本の障害者施策は自治体ごとの独自性が強いので、同じ県内でも川崎市は川崎市という感じですね。僕自身も、相模原市の福祉事情はよく知りません。
　僕は基本的には脱施設（入所施設解体）の立場ですが、現実的には、入所施設でのケアと地域での自立生活、あるいは親と同居の在宅介護のどれがいいかというのは、それぞれの障害の程度や家族環境にもよるので一律には言えません。入所施設の形を取りながら、施設を地域社会や外に開く、という試みもなされています。ただ、入所施設で働いていると、障害当事者の不幸な面ばかりに目がいってしまうことはたしかにあるでしょう。在宅で親と伸び伸び（あるいはそこそこ楽しく）暮らしている姿を見ていれば、見え方が大きく変わっていたのではないか。もちろん、それも家庭ごとに状況はまったく違うのですが、単純な経験不足、認識不足があると思う。

雨宮　彼の雇用形態や賃金はどうだったんでしょう。やまゆり園を退職後は一時期、生活保護を受給していたこともあったようですが。

杉田　具体的にはわからないですが……。彼の衆院議長宛ての手紙では「職員の生気の欠けた瞳」といったことも書いている一方で、やまゆり園での仕事を「楽な仕事だった」とも言っている。なにか、介護労働者としての職業倫理というか、それ以前の介護者としての基本感覚のようなものが彼には欠落しているように感じます。

たとえば、障害者福祉に血税をつぎ込むことは問題だとしていますが、彼自身が納税者であり、自分の稼ぎを障害者に剝奪されているのが嫌だというような生々しい労働者の実感は、彼の発言からは見て取れません。徹底して統治者目線に憑依していて、自分が財務官僚であるかのようです。あっさりと安倍首相やトランプ大統領に自己同一化してしまう。

雨宮　そうですね。障害者施設で働いているんだから、福祉に使われた財源は彼自身の給料の中にも入っているのに。でも、そういう統治者目線、経営者目線というのは、居酒屋談義的に財源論を語る人によく見られる態度ですよね。そういう人の多くは、経営側にはほど遠い一般労働者だと思うんですが。

「生存圏」をめぐる闘争

杉田　グローバリゼーションの中で先進国としての優位性も弱まり、未曽有《みぞう》の少子高齢化も進んで人口が縮小し、これから日本は緩やかに衰退し沈没していくだろうという予感は、多くの人が持っていますよね。そういう中で、かろうじて維持してきた社会的な資源を全員で分けあっていける余裕はもはやないから、分配の優先順位を決めなければならない。努力もせずにそれを安穏と守られるというのは幻想だと。社会に出る前からそういう皮膚感覚を持たされてきた世代からすると、経済成長でふたたびパイが大きくなるだろうとか、かつての豊かな日本の幻影のまま、まだまだ社会は大丈夫だというような上の世代の言説に反感を抱くことはありそうです。

雨宮　私も、植松被告の主張に同意はできないけれど、一方で、財源論なんかに関して、何も心配はない、日本にはまだ余裕があるという議論にも、どこか疑念を持ってしまうところがあります。

杉田　90年代からずっと、そういう論理で新自由主義的な政策が進められてきましたからね。ただ、現在起きていることは、もはや新自由主義ですらないんじゃないかと感じます。

雨宮　どういうことですか。

杉田　90年代に語られた新自由主義というのは、高度成長期につくられた無駄の多い制度や行政組織を改革して、一部は民営化し、規制緩和で市場の競争に委ねる。そうした「小さな政府」のもとで税金は効率的に使われ、経済も成長し、トリクルダウン（滴り落ち）によって社会的な弱者も救われる。そういう議論だったと思います。

でも、いまや社会的弱者へのトリクルダウンなんて誰も本気で言わなくなった。氷河期世代のニートや中年フリーターはお荷物扱いで、彼らをふたたび包摂しようなどとは考えられていない。むしろ、そこに含意されているのは、これからの過酷な時代に全員が豊かに生きられるなどという余裕はないのだから、生き残るべき国民と、切り捨てるべき者を冷徹に峻別する必要がある。「生存圏」とでも言うのか、生き残る側のイスの数は限られていて、自分がそのイスに座れるか、あるいは蹴落とされるかという殺伐とした感覚があるのではないでしょうか。

いわば、社会にとって「使える」者と「使えない」者を分け、「使えない」者は廃棄する。安楽死させたり、自殺に追い込む。植松被告は「自殺スイッチ」が必要だと言っていましたが。それこそが社会を持続可能にする道だと。新自由主義の自己責任論ですらなくて、すべては自業自得なんだという感じ。障害者に生まれたことも、マイノリティに生まれたことも自業自得。

雨宮　たしかに、２０００年代にフリーター運動をやっていたときは、どこかで「これだけ人口の多い団塊ジュニア世代を、まさか政治が見捨てないだろう」という期待というか、政治への信頼がどこかでありました。いま安倍政権は、就職氷河期で正社員になれなかった世代を「人生再設計第一世代」と呼び変えて、30万人を正社員化するとしています。でも、それは約2000万人いるロスジェネ（うち非正規雇用が約400万人）のうち、とくにがんばった30万人だけを国民に統合してあげましょうという話ですよね。

杉田　そうですね。年金の問題でも、もはや政治が責任を放棄して、あとは自己責任で2000万円貯蓄してくださいと。それはもう、新自由主義とすら呼べないものじゃないだろうか。

たとえば、いまの若者世代にとって、十分な老齢年金を受け取れるという期待はほとんどないですよね。自分たちが払った分が返ってくることはほとんど諦めていて、一方的に上の世代に収奪されるだけの制度だ、という感覚は広く共有されていると思います。また、奨学金がほぼ学費ローンになっていて、4年間奨学金を受け取ると卒業時には1000万近い借金を抱えて社会に出る学生もいる。生まれながらに借金を背負っているという、債務労働者のような人生観です。社会的に排除されているというより、生まれながらに債務を背負わされ、宿命としての収奪が標準装備。そういう債務を負った若い人々が、ソーシャルな相互扶助にも、国家による救済といったナショナルなものにも期待できず、生存圏をめぐって争奪戦を繰り広げる。

先の見えないサバイバルの物語

杉田　「さとり世代」という言葉もありますが、現在の若者にとっては、もともと世界は弱肉強食だし、それ自体に文句を言っても仕方がないので自助努力をするしかない。それが嫌だというのは無意味だ、というのが実感なのではないか。そういう世界では、戦わずに権利や庇護を要求するだけの者は早晩自滅するし、敵と戦わなければ自分や家族を守れない。

『進撃の巨人』（講談社）という漫画がヒットしていますが、そういう殺伐さと諦め（さとり）を感じます。高い壁に守られて平和を享受してきた国で、あるとき壁を破って人を食う巨人が侵入してくる。巨人とは意思疎通が不可能なので、人類は生き残るために壁の外に出て戦うしかない。その中で登場人物たちが虫けらのように死んでいくさまが、これでもかと描かれます。物語が進むうちに、主人公たちが守ろうとしている人類の側の正義も不確かになって、もしかしたら自分たちこそが歴史修正主義者であり排外主義なのではないか――そういう疑問も芽生えつつ、とにかく戦う以外ない。そういう物語です。自分たちが実は間違っているかもしれないと不安になっても、とにかく「戦え」「戦え」と自己暗示をかけ続ける。そうでないと自分を維持できない。ほとんど自己啓発ですね。

雨宮　そういう感覚はありますね。何が正しいかと悩む余裕があったら戦え、と。でも、本当にそんなふうに戦わないと生きていけないんでしょうか。

杉田　制度や国家が自分を守ってくれるという期待をそもそも持っていない。他者に依存せず、自己完結した生き方のほうが強い、ということかもしれません。植松被告はトランプ大統領に影響を受けたと言っているようですが、その理由というのも「トランプはイスラム国と勇敢に戦っている。自分も戦わなければ」というものだそうです。

雨宮　あぁ、そういう使命感があったんですね……。もし彼が高齢者施設で働いていたら、高齢者に刃が向かったんでしょうか。

杉田　かもしれないですね。もともとロスジェネ論壇の中にも、逃げ切っていこうとする団塊世代や高齢者への敵意がありましたから。

植松被告の実存の見えなさ

杉田　時代を象徴するような事件として、戦後史上も金嬉老《キムヒロ》[*1]や永山則夫[*2]、宮崎勤や加藤智大《ともひろ》など広く議論を呼んだものがいくつもありました。そうした事件に対して、彼らの犯行を肯定することはないにしても、一種の共感というか「自分もそうなっていたかもしれない」という「たまたま」の感覚があるからこそ、それぞれの時代において数多くの言説や文化的な影響を生んできたと思います。でも植松青年に対しては、僕はどうにもそういう共感を持てない。たとえば秋葉原事件の加藤智大の場合、彼のネット上の書き込みやその後の供述の中には痛々しいほど実存的な苦しみがあらわれていました。

雨宮　そうですね。

杉田　しかし植松被告には、そういう悩みとか苦しみの形跡が見えない。彼が事件前後に書いているものを見ても、一貫性なくいろいろな主張をしていて、なんというか、彼自身がＡＩかＢｏｔ[*3]のようにも思えます。ネット上を飛び交う言説を吸収してディープラーニング（深層学習）をくりかえすうちに、そういう発想を偶然持ってしまった、というような。

彼をモンスター視すべきではないと思いますが、他方で、過去の事件のように加害者の内面を想像することがどうにもできない部分がある。捕まってからの彼の発言を見ても驚くほど変わっていない。ドストエフスキーの『罪と罰』のラスコーリニコフのように、頭では自分が正しいと思っていても、どこかで症状的に内面の葛藤があらわれるものだと思いますが、植松の場合、いまでも「説明すれば半分くらいの人はわかってくれると思う」と言っている。

雨宮　そうなんですよね。まったく疑いを持っていない。

杉田　「半分は理解してくれる」というのは、つまり自分の行為は多数派、マジョリティの欲望を代行するものだったと信じているということです。自分が変わる必要を感じていない。

精神科医の香山リカさんが書いていたことですが、ヘイトデモに参加して「〇〇人を殺せ」とか「ゴキブリ〇〇人」などと叫ぶ人は、医学的な意味で病気とは言えないけれど、正常とも言えない。どう考えても事実ではないことを本気で信じ込んでいるわけですから。じゃあその人たちは怪物なのか。そうではないだろう。しかし、不気味ではある。そういう正常とも病気ともいえない不気味な人々、なんというか、グロテスク・マジョリティのようなもの。

たとえば認知科学の分野では、二重構造論というのがあるそうです。人間の脳の中で、理性というのは非常にスローで、マニュアル対応しかできない。感情というのはそれに対して速く、かつ自動的に反応するので、人間の行動の中で一見非合理な現象というのは、理性と感情の反応速度の差が生み出すんだ、という議論です。人間というのはそういう二重構造がもともとあって、そのズレが人間として重要なのですが、グロテスクなマジョリティの人々は、そういうズレそのものを感じさせない。そこには理性的な判断がなく、非常に幼稚な感情とネット上の言説のデータベースが粗雑に直結されているような人格性。そういう感じがします。外部の情報環境に溢れる悪意を吸い込んで自分の思考に組み入れてしまう、AIのような人格というか。以前、AIをネットに接続したらヒトラーを礼賛するようになったというニュースがありましたね。そういうキメラ（複合生物）的な人格として、他人から見ると恣意的にしか見えない生命の線引きを、なぜか確信を持ってやってしまっている。

「権威主義的パーソナリティ」とか「自発的隷従」という言葉がありますが、強い者、権威ある者の考えそうなことを下の人間が先回りしてやってしまう。わかりやすく言えば「忖度《そんたく》」ですね。権力者が命令してやらせるのではなくて、支配される側が自分からそれを正しいと思って実行するというのがポイントです。

かつてハンナ・アーレントは、上官の命令に無思考に従ってユダヤ人の大量虐殺を実行したアイヒマンを「凡庸な悪」と形容しましたが、それよりも進んで、統治者が望みそうなことを勝手に推測して実行してしまう。まさに「忖度する悪」です。その結果、現実には社会的弱者に近い人でも、トランプや安倍晋三といった権威と一体化することで自分が優越した存在であるかのように思えるのかもしれません。植松被告も犯行の理由を「日本国のため」と書いています。国家主義とエコロジーとスピリチュアリズム、雑多なものがぼんやりと融合しているような印象です。

＊1……在日韓国人2世。1968年に暴力団員を射殺し、人質をとって旅館に籠城（金嬉老事件）。籠城中に過去にうけた民族差別を告発したことで社会的議論を呼んだ。
＊2……1968年、米軍基地に侵入し盗んだ拳銃で連続して4人を射殺。事件当時19歳。手記『無知の涙』が知られる。
＊3……Twitter などのSNS上で、あらかじめ指定された文章を自動投稿する擬似人格的なプログラムのこと。

マジョリティ問題としてヘイト・優生思想を考える

杉田　いま現在噴出しているヘイトスピーチや障害者差別・優生思想、あるいはフェミニズムへのバックラッシュといった問題を「マジョリティ問題」として考える必要があると思っています。マイノリティの人々に対してどう正しく振る舞うかというだけではなく、マジョリティである「私たち」が内側からどう変わることができるか、非暴力的で幸せな生き方ができるか、そのように問わねばならない。

トランプ現象とか欧州での極右政党の伸長など、世界的に反マイノリティ・排外主義の噴出があり、その背景として置き去りにされたマジョリティ中間層の鬱屈（実際に排除や剝奪、被害を受けているかどうかにかかわらず、心理としての被害者意識を抱えてしまう）があると言われています。リベラルとか左派から見ると、そうした人々は間違った現実認識にとらわれているのだから、啓蒙したり、うまく説得したりして認識を正さなくてはならない、となるのですが、感情のレベルでは否定し難い根拠があるので、簡単にそうした不安や剝奪感を解除することはできません。

「感情労働」論などで有名なA・R・ホックシールドという社会学者の議論が参考になります。彼女は『壁の向こうの住人たち』（岩波書店）という本で、アメリカの茶会（ティーパーティー）運動に参加する白人貧困層の聞き取り調査を重ね、彼らの認識の底に共通してある感情的な物語を描出しました。彼女が調査したルイジアナ州はアメリカ最貧州と言われ、メキシコ湾に面した油田や化学工業地帯があるのですが、環境汚染によって住民にがんが多発したり、大規模な地盤沈下で死者が出たりしている。日本で言えばまさに、かつての水俣のようなイメージかもしれない。そこに住む白人キリスト教徒で、かつて中間層を形成していた労働者層の、主に中高年男性たちがこぞって茶会運動に参加している。

ホックシールドは、彼らがそんなにひどい状況に置かれているにもかかわらず、環境問題を軽視し、新自由主義的な規制緩和を進めてきた共和党を支持するのはなぜなのか、その理由を知りたくて、彼らに長年にわたって聞き取り調査をしたのです。その結果からホックシールドは、彼らに教養がないから敵を見誤っているわけではなくて、さまざまな生活上の矛盾を抱えながらも、彼らなりの必然性によって行動しているのだということを論じています。

彼らが感じている不安、屈辱、怒りといった感情を説明するのにホックシールドが使っているのが「ディープ・ストーリー（深層の物語）」という概念です。彼らはアメリカンドリームを信じて、真面目に働いていればいずれ成功できると思って忍耐強く生きてきた。イメージとしては、順番待ちの長い列があって、いずれ自分たちの順番が来ると辛抱強く待っていると、その列に横から入ってくる者がいる。それが移民だったり、非白人のマイノリティである、ということです。

こうした彼らの認識が事実として正しいかどうかはともかく、彼らの心情の物語としては強い説得力を持っている。そのことをまずは認めなくてはならない。アメリカが侵略されるといった荒唐無稽な言説を信じるポスト真実《トゥルース》の狂信者だ、といった言い方で彼らを非難しただけでは、保守派とリベラルの間の壁は永遠に越えられない。

現代日本のヘイト問題も、こういうふうに、彼らの内面にある物語を理解することでしか解決できない面があるのかもしれません。もちろん、あからさまに差別的で排外主義的な言動をまき散らすようになってしまったら擁護できませんが、そこに至る前に抱えている不安とか鬱屈とか剝奪感は、頭ごなしに否定するだけでは消えないと思う。

雨宮　私が右翼団体に入ったときにも、自分が抱えている不安とか鬱屈感を「戦後民主主義と憲法のせいだ、アメリカが悪いんだ」と説明されて、とても安心しました。荒唐無稽だと当時からわかっていましたが、とにかく「あなたは悪くない」と誰かに言ってほしかった。同時に学校教育への不信感もあったから、「人権」とか「平等」という言葉への反発も強くありました。

杉田 日本人の多くも、人権とか平等に対しては強力なシニシズムを持っていますよね。木村忠正さんという研究者が「非マイノリティ・ポリティクス」という言葉で説明していますが、人種的マイノリティとか障害者のように、自分たちのマイノリティ性を権利として訴える集団に対して、そういう属性を持たないマジョリティ側が反発し敵意を抱くと。

雨宮 「弱者利権」などと言われたりしますね。

杉田 「反日」とか「非国民」といった言葉で他人を攻撃する人が、そんなに日本が好きとも思えない。保守とか右翼には伝統文化や積み重ねを尊重する態度があると思うんですが、そういうものもなくて、むしろ国であれ何であれ信用していない、ニヒリズムに近いものを感じます。たとえば『ネット右翼とは何か』(樋口直人ほか著、青弓社)では、保守思想や右翼的な愛国精神の上に立った「ネット右翼」(ネトウヨ)と、それらを持たず、たんにネット上で排外主義的な言葉をまき散らす「オンライン排外主義者」が区別されていました。後者のような「たんなる排外主義者」(保守思想なき排外主義者)の人たちは、先ほど「生存圏」と表現しましたが、生き残るべき範囲の中に残る資格があるのが自分たちで、「反日」や「非国民」はそこから出て行け、と言っているだけのように見えます。

雨宮　ネット右翼の人たちも、別にアジアを侵略しようとかアメリカともう一度戦争しようなんて言っているわけではないですよね。むしろ、自分たちが脅かされている、侵略されているという恐怖感、得体の知れない不安がベースにある気がします。

杉田　まさに自分たちの「生存圏」（国家の再分配も社会の相互扶助も信用できず、最後に遺された生存のためのテリトリー）が損なわれるという不安ですよね。ギリギリまで狭まったそのテリトリーを死守することが最優先で、その枠をもう一度広げていけるとは思っていない。そういう切迫感を持った人々に対して、「脱成長・人口減少でもいいじゃないか」「日本は成熟社会として、ゆっくり老いていけばいい」などといったリベラルな知識人の言説は、非常に傲慢に聞こえるだろうと思います。

雨宮　お前たちはまだ貯蓄もあって、逃げ切れると思っているんだろう、と。

マイノリティ属性が武器になる？

杉田　最近、非常勤で大学で教えてもいるのですが、若い人たちの感覚として、マジョリティとマイノリティの境界が薄れているなと感じます。
　発達障害とか自閉症スペクトラムなど、障害にもさまざまなグラデーションやグレーゾーンがあることが近年知られるようになってきました。それ自体は社会の成熟であり喜ばしいことです。しかしその反面として、若者の間では、なんらかの障害とかマイノリティ的な属性があったほうが他者とのコミュニケーションが円滑に行く、という経験的な知恵があるとも聞きました。たとえば、とくに診断されたわけでなくても「自分はコミュ障（コミュニケーション障害）だから」とか「ADHD（注意欠陥多動性障害）なので」といったことを会話の中で言う。

雨宮　ああ、言いますね。「アスペ（アスペルガー症候群）っぽい」とか。

杉田　それが一種の防御壁になって、自分を正当化できるし、他人からも攻撃されにくくなるんだと。登山には装備が必要なように、他人とのコミュニケーションという戦場で戦うためには何かしら負の属性があるほうがよくて、そういったものが何もない、たんなるマジョリティは、一方的に責任を求められたり、自己批判を要求されたりして精神的にきつい。だから、多少の誇張を伴う自称だとしてもマイノリティ性を名乗ろうとするんだと。そういう感覚もわかるように思う反面、自縄自縛的になって、やっかいなものかもしれないと思います。

雨宮　90年代から2000年代に生きづらさを抱えていた友人たちの多くが、リストカットのような自傷行為に依存したり、アダルトチルドレン（AC）といった言葉で自分を説明しようとしたりしていましたが、そういう病名がないと過酷な労働市場から撤退することが許されないという面があったと思います。それと似ていますが、労働市場どころか日常のコミュニケーションにまでそれが拡大したということでしょうか。

杉田　「ひきこもり」とか「不登校」もそうですが、新しい言葉が出てくるときは常に両義性があって、そういう言葉で説明することで「そうか、これは個人の問題ではないんだ」と安心したり社会化していくことができる反面、言葉が独り歩きして偏見を生んだり、人々が気軽に自称することで問題の意味が薄まってしまう、ということも起こるんでしょうね。

マジョリティが肯定的にみずからを語るには

杉田　そういうふうに、100％マジョリティとも100％マイノリティとも言えない、曖昧なキメラのようなありようが普通になっていて、植松被告自身もそういうキメラ的な存在だったのかもしれないと思います。その背景にも、マジョリティがみずからを語る言葉を持たないという問題があるのではないか。日本国籍をもつ日本人で、健常者で、異性愛の男性であるといった「マジョリティ中のマジョリティ」――僕自身もそうですが、そのことは他のマイノリティに比べれば明らかに特権で、さまざまな面で優位に立っている事実があるわけですが、だからといってそれだけで満たされているわけではないし、悩みがないわけでもない。

けれども、差別や社会的な権利といったテーマに向きあうと、マジョリティ男性は一方的に非難されるか、社会的な責任を求められる立場に立たされてしまう。それが続くなかで、自分たちの不安や苦しさを顧みない「リベラル」への反発や、ポリティカル・コレクトネス的な言説への不信感を抱いてしまうということは、あるかもしれないなと思います。そういう感情の発露として、「日本人こそ差別されている」とか「フェミニズムは男性差別だ」といった言説があるように思います。

雨宮　ネット上でよく聞く言い方ですね。

杉田　マジョリティの中でも、文化資本やコミュニケーション能力の高い人は、さらっとスマートに反省ポーズをとれる。逆に、不器用なマジョリティ男性は語ろうとしてもうまく語れず、沈黙したり言いよどんだり、あるいは無理に語ろうとして「地雷」を踏んでしまったりする。そういうところが、さらにリベラルへの反感につながる気もします。

だからといって、誰もがマイノリティに憑依したり、自己批判を続けるだけの社会も不健全に違いないので、僕はマジョリティであっても健全な自己愛というものを持っていいし、非暴力的な形でそれを促すための言葉を考えたいと思って、「非モテ」や「弱者男性」というテーマを自分の中で持ち続けています。熊谷晋一郎さんとの対談の中で少し話した「マジョリティの当事者研究」の課題でもありますが、70年代以降のメンズリブ運動や90年代以降の男性学も参照しながら、たんなる自己批判ではない形で、マジョリティ男性が内側から自分の欲望や感情を変えていく方法を探りたいと思っています。他者からの批判を内面化するのではなくて、時間をかけてでも、暴力的ではない男性性に向けて自分たちを変えていくことを考えたい。それがないと、きついですよね。

湯川遥菜さんの「こじれた男性性」

雨宮　ちょっと話がそれるんですが、2015年のイスラム国での人質事件で犠牲になった湯川遥菜《はるな》さんのことを伺っていいですか。杉田さんは、過去にも湯川さんのことを論考で書いていますよね。

杉田　はい。彼のことがどうしても気になって、それは先ほどから話している男性性の問題にも結びついた、ある意味で時代を象徴する人物のひとりだと感じています。

雨宮　それをぜひ伺いたいです。彼は、私たちより三つ上のロスジェネ世代ですよね。

杉田　2015年2月に、2人の日本人男性がシリアの「イスラム国」勢力に拘束され、結果として2人とも殺害されてしまった事件がありました。そのとき、日本のメディアや世論は、紛争地ジャーナリストとして志を持ってシリアに行った後藤健二さんにフォーカスして、湯川さんを大きく扱うことはありませんでした。

雨宮　そうですね。言及するときは後藤さんのついでみたいな。勘違いしてシリアまで行ってしまった、哀れな軍事オタクのような扱いでした。

杉田　湯川さんの経歴を少し調べてみると、いろいろな面でこじれたマイノリティ性とマジョリティ性が見えてきます。小学校でいじめに遭い、他人の前では明るく振る舞う技術を身につけたものの、内面では他者への恐怖を拭《ぬぐ》いきれなかったようです。高校卒業後に開業したミリタリーショップが倒産して夜逃げし、借金は父親が肩代わりして、彼自身はホームレスのような生活をしていたようです。その後結婚しますが、2008年ごろ自殺を図る。それも、自分の男性器を切り落とすというものでした。湯川さんはそのころから「東洋のマタハリ」と呼ばれた男装の麗人・川島芳子の生まれ変わりを自称します。そして2014年、政治団体「アジア維新の会」を設立し、民間軍事会社を開業しシリアに渡ったということになっています。そして武装勢力に拘束される。

2人の拘束が明らかになったとき、多くの日本人が「I am Kenji」と表明して解放を求めましたが、「I am Haruna」と言った人は少数でした（作家の星野智幸さんのような例外もありましたが）。僕自身も、湯川さんの行動というのは理解できなくて。殺害されるなら後藤さんではなく湯川さんであってほしい、と心のどこかで考えてしまう自分がいました。

雨宮　みんな、湯川さんのことはなるべく見ないで済ませたいという感じでしたね。

杉田　湯川さんはトランスジェンダーの人だったと思うのですが、彼のブログ日記を通読すると、たしかに男っぽさと女らしさとが、いびつな形で混在しています。旅行先や食事の写真をアップしたり、飼い猫のことを書いたり、これまでの海外旅行の体験談を記したり、「気まぐれダイエット」のコーナーを作ったりと、OLのような「女子っぽさ」があるかと思えば、経済的成功の秘訣をブログ読者に向けて語ったり、かつての事業で動かした金額を誇らしげに語ったり、いままでに出会った有名人の話（ガクトが度々出てきます）、ミリタリーの話、政治家や企業人に会ってきた話などもさかんにアップされている。いかにも男性的な成功自慢やマウンティングの欲望も、湯川という人の中にはあったということでしょう。

湯川さんの経歴に垣間見える、自分の弱さを抱えながら、それを過剰なマッチョさや権威主義で偽装したり、他方では女子っぽさに憧れたりしながら結果的に自己破壊的な行動へと突き進んでしまうところ、そこに現代的な実存の問題を感じてしまうんです。それは、安倍首相のねじれたマッチョさとも、どこかで通底している気がします。

何より気になったのは、湯川さんがなんらかの「組織」に属することを徹底して避けようとしていた点です。高校卒業後から、独立して起業することしか考えていなかったようですし。それは起業の中に夢を見ようとしたロスジェネ世代の感覚としてもわかる気がする一方、湯川さんの場合、明らかにいじめを受けた経験も反映されている。学校とか企業といった組織の中での暴力に対して、とても強い恐怖を抱いていたのではないか。二度と組織や集団からいじめられたり、暴力を受けたりしたくない。それだけは嫌だ。日記の中ではこう書いています。

「死は恐れないが、何と言っても、川島芳子時代の拷問の記憶が過《よぎ》る。これは凄まじいもので、現在では更に拷問も酷いものと想像が付く。戦闘では恐れない自信はあるが、拷問は恐怖感がある」

そう願っていたはずの湯川さんが、イスラム国の人質になって、拷問されて殺害されてしまったことは、あまりにも悲劇的というか、運命の残酷さがつらいというか……。

雨宮　その話で思い出したのですが、私の友人でも、いじめに遭ってひきこもりになって、その後ミリタリーショップを開業した人がいました。すごく気弱そうな人なんですが、就職が怖いからそういうものから逃げて逃げて、行き着いたのがミリタリーショップ経営という。

杉田　そういう感じってすごく普通というか、わかりますよね。暴力がすごく怖いのに、それの裏返しのように軍隊的なものに憧れてしまうこととか、性器を切り落とすほどの自分の男性性に対する嫌悪とか。そういうこじらせ方やキメラ性も、植松被告とどこか通底するものがあるのかな。

２００４年のイラク人質事件で自己責任バッシングが起こり、その後香田証生さん、後藤健二さんと湯川遥菜さん、そして最近では安田純平さんと、人質事件が起こるたびに自己責任論とそれに対する反論がなされてきました。でも、そういう中で紛争地に赴くジャーナリストやボランティアの意義が語られれば語られるほど、湯川さん的なわかりにくい弱さを抱えた存在は弁護できないものにされていく。そこには、ある種の階級的な差異の問題があるのではないか。

「迷惑をかけずに一人で死ね」という言説

雨宮　つい先日、川崎市の登戸で50代のひきこもり男性による殺傷事件が起き、その４日後に今度は練馬で、元官僚の父親がひきこもりの息子を殺害する事件が起きました。私はこの事件への反応の差にもすごく違和感があって……。登戸の事件では「他人を巻き込むな、一人で死ね」という論調が多かったのに対し、練馬の事件では父親への同情とか、「責任感のある父親だ」というような賞賛の声さえ聞かれました。

杉田　実際に、父親は登戸の事件を報道で知って、「周囲に迷惑をかけるかもしれないから」と息子の殺害を決意したそうですね。

雨宮　それって、障害児を殺してしまった母親に減刑運動が起きたこととどう違うのかと考えてしまいます。母は勝手に「死んだほうが幸せなのだ」と殺した。そして今回、「人に迷惑をかけるかもしれない」からと父親が息子を予防的に殺し、世間からはその心情が「理解」され、時に賞賛されてしまう。

杉田　ひきこもりの問題も、2000年代から論じられているのに、解決されないまま悪化して、限界を迎えていますよね。当時「ニート」の定義は15〜34歳で無業・不就学の人ということでしたが、当時34歳の人はもう40代、50代ですから。

少し乱暴かもしれませんが、ひきこもりやニートってすでに一種の「階級」だと思うんです。全国で61万人とも言われていて、ここまで無業の人が大量にいるということは、労働市場に需要がないこと、すでにそれほどの労働者を必要としていないということで、ある意味で歴史的な必然だと思うんです。その彼ら全員を正社員として働かせるというのはとうてい無理ではないか。もちろん、精神的な問題や経済的な支援が必要な人には手が差し伸べられるべきですし、家庭内暴力のような問題にも対応が必要です。しかし彼ら全員をふたたび企業社会の中に包摂しようというのは、現実的ではない。にもかかわらず、私たちの社会には、身体的に健常な成人男性が働かずに生きている、という状態を正当化するためのストーリーが存在しない。そういう説明がつかないからこそ、彼らは人目を避けてひきこもるしかない。

でも考えてみれば、過去長い間、障害者の人たちはそうやって生きのびてきた。企業社会で働くことから排除され、あるいは恋愛や結婚からも排除されながらも、しかし間違いなく地域社会の中で独特の自立観をつくり出したり、新しい関係性のありかたを模索したりしてきた。それは私たちがイメージする「社会化」や「自立」とは違うかもしれませんが、その経験から学べることがもっとあるんじゃないか。

雨宮　熊谷晋一郎さんとの対談でも、ロスジェネは「新たに（社会モデル的な意味で）障害者になった層」と言えるのではないか、という話になりました。現代的な働き方に適応できない現実があるにもかかわらず、それを説明する身体的な障害がない、だから苦しいということですね。

杉田　登戸の事件の直後、「死ぬなら一人で死ね」と加害者が非難され、それに対する異論もありました。そういう言葉はむしろ同種の凶行を誘発してしまう。メディアは「社会はあなたの命を軽視していないし、死んでほしいと思っている人間など一人もいない」というメッセージを出すべきだと。

僕もその言説に共感する部分と同時に、違和感もあります。というのは、社会的な包摂だけでは解決されない実存的な不遇感というものも存在するので、そこをすくい取るための思想や文化とはどんなものだろう、と考えざるを得ないからです。誰もが安心して平等に生きられる社会を願う反面、そういったリベラルな理想論に、反発や違和感を覚えてしまう自分もいる。それもロスジェネ的な感覚なのかもしれませんが。

そういう溝をむしろ可視化していく——古い言葉でいえば「階級的」な対立を可視化していくことが必要で、そこには怒りや殺意といったものがどうしても紛れ込むのです。僕の『フリーターにとって「自由」とは何か』では、若者の貧困化という問題を社会化していくために、戦略的に年長世代との間に敵対線を引くという手段をとりました。その後の議論の中では、世代間対立はよくない、社会全体として貧困を解消していこうという意見が主流になりました。それはもちろん正しい態度だったとは思いますが、当初に僕たちが抱えていた怒りや鬱屈は全否定すべきものではなかったと、いまでも思います。

グローバル資本主義のもとでの抑圧と暴発

雨宮　事件後に杉田さんと立岩真也さんが出された共著『相模原障害者殺傷事件』（青土社）で、「この事件は入口に過ぎないのではないか」ということを書かれていました。そういう予感はどこから来るのでしょうか。

杉田　これまでもネットやメディア上に充満してきた言葉を日々感じていて、それが現実化したという感じはあったと思います。みずから手を下さなくても、障害者を役立たずと見るような言説は――それこそ政治家も含めて――社会の中でずっと言われてきたわけですから。植松被告はそれを忖度して、率先して実行した。彼は実際、政治家は自分の行動を理解してくれるはずだと信じて手紙を送ったりしているわけです。

フランコ・ベラルディ（ビフォ）という人の『大量殺人の〝ダークヒーロー〟』（作品社）という本があります。この本は、欧米で近年に起きた銃乱射事件や無差別殺人の事例を分析していて、それらの多くが他者を巻き込んだ自殺のようなものであり、スペクタクル的な「表現行為」だと論じています。加害者の多くは、犯行動機を長々と書いた論文をネットに投稿したり、犯行のようすをSNSで生中継したりする。あるいは「インセル」（incel＝非自発的な独身者、非モテ）と呼ばれる、孤独を抱えた独身男性のネット上のコミュニティで、そうした無差別殺人犯が仲間内のヒーローのように称賛される傾向も近年は話題になっています。

ビフォはこうした犯罪を、現代の資本主義がもたらす絶望感への反撃のようなものだと論じています。世界的な金融資本主義のもとで極端な格差が広がり、そこから疎外された人々の最後の表現形態がそうした無差別殺人なんだと。ただ、そうした暴力がなぜ多くの場合、子どもや障害者に向かうのかというのは素朴に疑問です。かつての明治時代の志士とか大正・昭和初期のテロリストは、巨悪に刃を向けはしても、庶民や弱者を狙うことはなかった。資本家へのテロならいいというつもりはないですが、なぜ常に弱い者に暴力が向かうのか。

雨宮　本当ですね。

杉田　もうひとり、マーク・フィッシャーという人の『資本主義リアリズム』（堀之内出版）という本も紹介させてください。「資本主義リアリズム」とは、資本主義を徹底することが唯一、持続可能な社会のありかただと思い込み、それ以外の社会を考えることは夢想的でしかないとする考え方です。安倍さんもよく「この道しかない」と言いますが、英国のサッチャー以来、連綿と続いている新自由主義者の態度ですね。

雨宮　オルタナティブなんて「お花畑」だと。

杉田　ええ。フィッシャーは「資本主義の終わりを想像するよりも、世界の終わりを想像するほうがたやすい」とも表現しています。資本主義があまりに絶対的なものになってしまったために、それ以外の世界のありかたがイメージできなくなった。フィッシャー自身も結局、自殺してしまうのですが。

植松被告個人の生育歴とか精神状態を読み解くことと同時に、他方でこうしたグローバルな現象の一端としても考えていく必要があるのではないか。そこでのキーワードはやはり「剝奪感」、そして

「孤独」ですね。たんに所得や雇用、権利の問題だけでなくて、自分の生きる意味とか、自分が自分である根拠みたいなものまで奪われているという剝奪感。

雨宮 可能性とか未来、選択肢そのものが奪われてきたと私も思います。

健全な自己愛を取り戻すには

杉田 僕たちは健全な自己愛を奪われている。勝ち上がらなくても、がんばりすぎなくても、ありのままの自分でいられるという安心感が損なわれていて、過剰に自己否定感を抱えさせられている。

植松被告も「超人に憧れる」と言いながら、自分は凡人以下だとも言っていて、自己評価は低い。だからこそ執拗に「人の役に立ちたい」と思い、それを「他人の役に立たない人間には価値がない」と反転させてしまった。「役に立つ」ことが生きるための条件だと過剰に思い込めば、そうなるのはある意味、必然といえます。

雨宮 学校教育の中でも、「役に立て」「迷惑をかけるな」という二つの価値を内面化させられてきていますからね。

杉田 そういう剝奪感を抱えた側からみると、自分を肯定できている人は、それだけで何か優越的な立場にいるように見えて、敵意の対象になる。自分を愛せない人間はどこか間違っているのではないか、という不安がある。政治的アイデンティティをめぐるポリティクスではなく、その手前に、孤独な人間たちの自己愛をめぐるポリティクスがある。

雨宮　「リア充」や「非リア」という言葉に象徴されるような。

杉田　そうですね。かつてのフリーター論争の中では「自己責任ではなく社会の問題だ」というのが重要な争点でしたが、もうひとつ、自己否定と自己愛という対立軸があるんじゃないか。自己啓発ともアイデンティティ・ポリティクスとも違った形で、マジョリティ自身が、他者への攻撃や優越感ではない健全なエゴイズムを、どう回復していくかが重要なのかなと思います。

内なる差別、内なる優生思想と対峙する

雨宮　どうしたら、そういう健全な自己愛を回復できるんでしょうか。

杉田　「内なる優生思想」という言葉は、もともと脳性麻痺当事者の運動「青い芝の会」から生まれましたが、もともとは他人を責める言葉ではなくて、自分の内面を問う言葉でした。青い芝の脳性麻痺の人たちは、障害者を差別する社会を鋭く糾弾しながら、自分たちの中にも「内なる優生思想」があるのではないかと問いました。

鏡に映る自分を醜いと感じてしまうことや、好きになる女性がいつも健常者であり、同じ障害をも

った女性の身体を美しいと思えないこと。たんなる言葉の上での正しさや倫理観ではなく、自分たちの感情や感覚のレベルにまで食い込んでいる障害者差別があるとしたら、どのようにそれを内側から解除していけるのか。自分の身体を醜いと思わずに済み、自分の存在を愛せるのか。彼らはそういうことを問題としました。

植松被告にも、醜貌恐怖的なものが間違いなくあったと思います。整形手術をくりかえしたり、犯行前に自分の正装した姿を自撮りしてTwitterにアップしたりしています。自分が嫌いだ、肯定できないという感覚がアディクション（依存症）的に存在したのではないか。それはいわゆるセルフネグレクトとか、あるいはセルフヘイトのようなものかもしれません。

雨宮　ヘイトデモに参加している人にも、アディクション的なものを感じます。あれも間接的な自傷行為というか、自分に対する虐待じゃないかと思ってしまう。

杉田　なるほどね。ネットでのヘイトの書き込みも、依存症化すると言われてますしね。

青い芝の会の人たちは、鏡に映る自分を醜いと感じてしまう感覚を受けとめつつ、そのまなざしをふたたび社会に向けることで、そこから社会を変えていくべきだと考えました。現代の差別やヘイトも、正論からの批判だけでは足りなくて、異なる次元からアプローチが必要だと思っています。

たとえば僕自身も、自分がそれほど当事者性を自覚しないできた民族差別については突き放して批判できますが、障害者差別の問題は自分のこれまでの仕事にもかかわるので、簡単ではない。

善悪の線引きができなくなっている。さらに女性差別については、自分の中に明らかにミソジニー的なコンプレックスがあるので、一般論としての「正しさ」によって批判することができない。感情電圧の負荷がかかってしまう。そういうふうに加害と被害が同居する自分の内面に向きあうことは、感情を揺さぶられて非常に苦しいんですが、そのプロセスを通じた克服の道がありうるのではないか。他人事として断罪するのと、当事者性を持って内部から克服するのでは、やはり違うのですね。

植松被告や、あるいは湯川遥菜さんの生にも、同じような加害と被害、マジョリティ性とマイノリティ性の複合したキメラ的なところがある。そういう実存を生きた人物の生を見つめることで、それを突き破るようにして克服する道を考えたいんです。

それは、「純粋な日本人」を求めて誰かを排除していく社会ではなくて、障害者や移民、さらには動物やＡＩ、ロボットとも家族関係を結ぶような、キメラ的な人間観の上に立つ雑多な社会を想像することかもしれません。自然（ナチュラル）な社会ではなく、雑然とした雑種社会。たとえば雨宮さんが飼い猫と家族的な関係を結んだように、近代家族とは別種の家族のありかたを想像することもできるでしょう。そういう中で、大きな国家主義ではなくて、新たに流入してくる移民やマイノリティも自然に含みこんでいくような、ローカルな地元愛、パトリ（愛郷心）でつながっていくことが考えられないだろうか。そんなことも思っています。

森川すいめい×雨宮処凛

第5章

みんなで
我慢するのをやめて、
ただ対話すればいい

毎年、年末にホームレス状態の人のための炊き出しの現場を回ると、池袋の公園にはかならず医療相談に乗っている森川さんの姿がある。吹きさらしの凍えるような野外で、彼はいつも「困りごと」を抱えた人の言葉にじっと耳を傾けている。精神科医として森川さんが取り組む「オープンダイアローグ」の手法から、対話の重要さについて掘り下げる。

森川すいめい（もりかわ・すいめい）
精神科医、鍼灸師。みどりの杜クリニック院長。NPO法人TENOHASI理事として、東京都池袋で炊き出しや医療相談を行う。著書に『その島のひとたちは、ひとの話をきかない』（青土社）、『漂流老人ホームレス社会』（朝日文庫）。

雨宮　森川さんとは、年末年始に行われる炊き出しの現場などでいつもご一緒しています。もともとは、どういった経緯でホームレス状態の人の支援活動を始めたんですか。

森川　私の職業としては一応、精神科医ですが、あまり自分のことを精神科医とは考えていなくて……。いわゆるホームレス、安定した住まいや居場所がない人たちの支援を1995年から始めて、その間に鍼灸師の資格を得たり、精神科医になったりしていますが、自分としてはずっと同じことをしているという認識です。

京都で鍼灸の大学に通っていた95年に阪神・淡路大震災が起きました。ボランティアに参加して1年ほど活動するなかで住まいを失った人たちを目の当たりにして、そうした人々の支援に加わるようになったんです。その後、東京の大学に入り直して、2001年末から新宿の炊き出しに加わるようになります。その後、池袋に拠点を移して、2003年に野宿者などを支援するTENOHASI（てのはし）という団体を立ち上げ、のちにNPO法人化しました。

現在も、いくつかのクリニックで精神科医として働きながら、野宿者の方への炊き出しや生活保護、安定した住居につなぐためのサポートといった活動を続けています。

「自分探し」の20代

雨宮　そうした活動にかかわるようになったきっかけというのは？

森川　やはり、学生のとき経験した阪神・淡路大震災が大きかったですね。20代で、自分というものがよくわからないままボランティアに参加して、被災した方のマッサージをしたり、そういう中で生きていることの意味なんかを考えていた。その後も海外をあちこち放浪したりして、まさに「自分探し」という感じでした。当時はまだこの言葉を使っても許されていたんですよね（笑）。

雨宮　いま「自分探し」なんて言うと、それだけで馬鹿にされますもんね（笑）。

森川　ちょうどインターネットが普及して、世界のあちこちのことを居ながらに知ることができて、本も月100冊くらい読んでいましたし、言うなれば、知識さえ身につければ世界のすべてを把握できるというような錯覚をしていたと思います。大学の講義を聞いても、そこに真実があるとは全然思えなくて。いま思えば非常に思い上がった勘違いをしていたのですが。そうやって、ひとりでうつっぽくなっていたときに、父親から「旅をしてこい」と言われて。仕方なく、いやいや旅に出たんですね。

雨宮　いやいやだったんだ。めずらしい旅人ですね（笑）。

森川　ええ。でも、幸い一人旅をしたことで世界の広さがわかって、自分のちっぽけさを知ることができた。それはとても嬉しかったんですね。旅の最初のころは、ほかにも20歳前後の人たちが一人旅をしていて、中には1年くらい旅を続けている人もいたのを知ったり、東欧の広場の地べたの上で寝転がって歴史を感じたり。アジアでバイクに乗ったり、貧困地域を歩いたり、戦争の爪痕を見たり。アフリカでは銃を向けられたり軟禁されたり。世界は広くて自分は小さくて、そして小さくていいということがわかった。その経験がなかったら、すごく嫌な奴になるか、自殺していたかもしれません。

雨宮 嫌な医者にならなくてよかったですね（笑）。

森川 そうでないことを願っています。

雨宮 そこから精神科医をめざしたのはどうしてですか。

森川 それも結果論というか……。周囲のしんどさを解決できない自分の非力さにしんどくなっていたので、自分にもっと知識や力があれば楽になれるんじゃないか。そんな考えで、医学部に入り直したという感じです。

雨宮 普通に医師としての成功をめざすこともできたわけですよね。

森川 医者になりたかったわけではなくて、目の前の困難を解決できる知識や力が欲しかったので。もちろん、それを許してもらえる家庭に生まれた幸運もあったのですが。いま思えば、人を助ける力が欲しかったというよりも、目の前の困難に直面する力というか、一緒に耐えるのがしんどくてパワーで解決したくなっていたということかなと。たんに自分が楽になりたかった。本当は、困難の中にある人と、その場に一緒にいることが大事だったのに。

路上生活者の中には、精神症状のある方とか発達障害が疑われる方が多くいます。支援をしているなかでも、そういう方の中には会話がなかなか成立しなかったり、なにか気分を害するようなことを言ってしまって胸ぐらをつかまれたりすることもありました。でも、支援者の中にひとり精神科医の方がいて、その人はそういう人たちとも普通に話していたんですね。私には怒っていた人が、その医師とはニコニコしながら話していた。その姿を見て、そういうふうになりたいと思ったことも精神科に進むきっかけにあったと思います。

雨宮　TENOHASIが2008年に調査をして、都心で野宿をしている人たちの約3割に知的障害の可能性が、約4割に精神疾患の疑いがあるということがわかってきたんですよね。

森川　そうですね。炊き出しに来る野宿者の方の調査をして、かなりの割合の人が精神症状や自殺のリスクを抱えていることが明らかになりました。

個人のヒストリーを聞き取ること

雨宮　そういったご経歴をお持ちの森川さんから見て、相模原の事件はどう見えましたか。

森川　難しいですね……どういう言葉で語っても、誤解を呼びかねないと思うので。

精神科的に言うなら、植松被告の供述を読んでも、どこが本音なのか全然わからないと感じます。なにか重大な犯罪を犯してしまった人でも、その人の人生の中にはそれに至ったプロセスがあるはずですが、彼がなぜ殺すまでしなくてはならなかったのか……それがまったく見えてこない。

精神科の患者さんにもいろいろな方がいますが、医者は患者がいい人か悪い人かで判断するわけではないので、本人が苦しいと思っているから診察に来るし、医者はそれを診るのが役目です。その立場からいえば、患者さん全員にそれぞれの理由があり、人生のヒストリーがある。そして、そういう個人のヒストリーを聞き取って行くなかで、自然に癒やされていくこともあるんですよね。

雨宮　前に森川さんが講演で話されていたエピソードで、路上生活から福祉につながっても、施設を何度も逃げ出してしまう方のお話がありましたね。その人が逃げてしまう理由が、実は「納豆が食べられない」からだったという。納豆が苦手で食べられないのに、「食べられないと言っていい」ということを知らなかった。それは、その人の生育歴の中で、自分の要望や好き嫌いを言えば虐待されるような経験をしてきたから、怖くて言えない。でも、周囲の人はそんな理由に気づけないので、せっかく福祉につないだのに黙って失踪してしまう彼のことを「困った人」と見て、支援する意欲を失ってしまう。それぞれの理由を聞くっていうのは、そういうことですね。

森川　ええ。そういうことも、それに至る生い立ちからじっくり聞いていかないとわからないことなのです。たとえば、大声で叫ぶので周囲から嫌がられていた患者さんでも、話をずっと聞いていくと、いつのまにか大声を出さなくなってきたりもします。実は、あとからわかったことですが、その人は自分の部屋で枕に顔を埋めて叫ぶようになっていたんです。それはひとつの社会性と言うこともできると思います。それまでは「とにかく自分が苦しいんだ」という叫びを周囲にぶつけていたのが、まわりの人が視界に入るようになったということですね。

雨宮　なるほど。

森川　そういう苦しさを抱え込んだ人の中に、少数ですが世の中を恨むようになったり、それを正当化する思想を与えられて信じ込んでしまうということも、時にあると思います。ただ、植松被告の場合は、そういう個人的なヒストリーがほとんど見えてきません。そこで性急に腑に落ちるような解釈をしてはいけないんじゃないかと思っています。ですから、彼のことがまだよくわからないな、というのが正直な気持ちです。

雨宮　社会を恨むほどの厳しい境遇にいたのかというと、そこまででもないように思うんですが。それでも、そういう考え方に至ってしまうことはあるんでしょうか。

森川　うーん……。まだわかりません。ただ、彼のような思考が生まれる社会なんだなとは思います。

正解のない問いに向きあうことで成長する

雨宮　彼を生み出した社会を考える上で、ほかの国との比較も有効でしょうか。

森川　そうですね……。アフリカなどの途上国を一人旅していた経験からすると、もっと簡単に人を殺してしまう社会もあって、複雑な交渉とか調整をしたりするよりは殺してしまえ、という考えが起こりやすい。戦争や内戦が日常化している地域では、殺人に対するハードルが低くなるのですね。

雨宮　ああ、なるほど。

森川　私がしたような「自分探しの旅」——なんていうと最近は怒られたりもするのですが、若者にとって旅をすることは大切なことだと思います。脳科学の研究でも、28歳くらいまでは脳の成長が続くので、いろいろな経験をしたほうがいいと言われています。自分の中の試行錯誤を通じて成長するプロセスを、安全な状態でできることが大切なんですね。「安全な冒険」という言い方もしますが、チャレンジできる環境が必要なのです。

雨宮　海外だと、大学卒業後にモラトリアム期間を設けたり、社会人になってから大学に入り直したりして勉強を続けるというのも普通ですよね。

森川　ええ。「やってはいけないこと」ばかり強調されて、規定のルートを一歩でも踏み外したら人生が終わるかのような恐怖を刷り込まれると、人は成長を止めて、強い声に従順に従うだけになってしまう。DVとか児童虐待と同じです。そういう経験をした人は、強い声とか鋭利な言説に対して、思考停止したように服従してしまうんです。

そうした頭ごなしの押し付けに服従せずにいられるためには、自分の中での問い直しとか、世界が多様であることを知ることが必要です。それも、人から教えられるのではなくて、自分自身で学んで体験的に知る必要があるんだと思います。

雨宮　植松被告も事件当時27歳ですから、まだそういう時期にあったと思いますが、彼は世界の複雑さを知ろうとせずに、一面的な断定で事件を起こしてしまった。彼自身は虐待を受けていたわけでもないようだし、なぜそうなってしまったのかわからない部分もあります。

森川　失敗を許されない雰囲気の中で育つと、ちょっとした挫折でも大きなことに感じられてしまうことはあるのかな、とも。彼がそうかはわかりませんが。

北欧の教育などと比較すると、日本の教育の特異さが際立っていると感じます。日本の教育の中では、ある問題に対する答えはひとつに決められていて、それに至る解法を暗記して、答えを出すまでの時間を最短化することを競わされます。それに対して、たとえばフィンランドの学校では、問題の答えを先に教えてしまう。そして、そこへのたどり着き方を生徒たちに自由に考えさせるんです。そうすると生徒たちは、自分で考えて試行錯誤しながら答えを導こうとします。失敗が許されているから自由に考えることができるのですね。

あらかじめ「唯一の正しい方法」の存在が前提にされている社会と、「唯一の正しいものなんてないから、みんなで試行錯誤して工夫していこう」という社会。その違いはすごく感じますね。

「聞ききる」ことに専念するオープンダイアローグ

雨宮　先ほどもふれた森川さんの講演で、本人の訴えを「聞ききる」ことの大切さも語っていましたね。どうして「聞ききる」ことが大事なんですか。

森川　自殺の少ない地域を旅した経験を『その島のひとたちは、ひとの話をきかない』（青土社）という本に書きました。その旅で気づいたことですが、自殺が少ない地域の人たちは、とてもよくこちらの話を聞いてくれるんです。だからといって、こちらの言う通りにしてくれるわけではないのですが、途中でさえぎったり解釈したりせず、とにかく聞いて理解しようとしてくれる。そのことが「尊重されている」という感覚を生んで、自分が認められている、存在していていいのだという大きな安心感を与えてくれたんですね。そういう経験って、人間の成長にとってとても大事なことだと思います。子どもが何かをしたときに、頭ごなしに叱ったり決めつけたりせず、「どうして？」と聞いて、本人の言い分を最後まで聞ききる。そうやって聞きとってもらえる経験をすると、子どもは自分なりにその是非を判断したり、そこから学んだりする可能性が生まれます。

雨宮　森川さんのお話を聞くまで、「聞ききる」ことがそんなに大事なことだと思っていなくて、自分でも会話の中で人の話をさえぎったり、人からさえぎられるのも普通だと思っていました。むしろ、そのくらいのほうが話が盛り上がっている証拠だと思っていたくらいです。それ以来、気をつけるようにしていますが、意外と難しいですね。

森川　何かを発言したり解釈したりすることが、その人の有能さを証明するかのように思わされていますね。実際、解釈が上手になるとそれが当たることも増えてくるので、つい嬉しくなってやってしまう。それは精神科医と患者さんの関係においても常に起こることです。そういう意味で、先に紹介した自殺の少ない島の人たちは、話を聞いても解釈はしないんですね。いや、解釈をしたとしてもその解釈を唯一としない。それはとても心地良かった。

雨宮　でも、精神科に来る患者さんの中には延々としゃべる人もいますよね。現実にはそれを全部聞くのは大変じゃないですか。

森川　そうですね。でも、そういう人でも、本人の話したいことを一度最後まで聞ききると、その後はそんなに話し続けるというのがなくなったりすることも少なくありません。むしろ、誰からも聞き取ってもらえた経験がないから延々としゃべるのかもしれません。

私が現在取り組んでいて、いちばん腑に落ちている精神医療のアプローチが「オープンダイアローグ」というものです。日本語では「開かれた対話」という意味ですが、患者さんと医師を含む数人のグループで輪になって、ひたすらお互いの話を聞くというものです。フィンランドの精神医療で始まった取り組みですが、これが功を奏すると、従来のような投薬や強制入院といった医療的介入を劇的に減らすことができると言われていて、現在世界的に注目されている手法です。

私も、このスタイルを学ぶために北欧で訓練を受けてきたのですが、訓練といってもそこには技法的なものは何ひとつありません。やることはただ、医療者自身がオープンダイアローグの方法で自分の話を聞き取ってもらう。ただそれだけです。

雨宮 どういうことを話すんですか。

森川 自分の生い立ちとか家族のことなどを2時間くらいかけて話します。そうすると多くの人が、話し終えたときには泣いています。誰しも成長過程のどこかに傷があるものですが、そういうものを言葉に出して、誰かに受容的に聞き取ってもらえたという経験をすると、大きな安心感をおぼえて涙するんですね。そして、そんなふうに受容的に聞き取ってもらえる経験の価値を理解して、他者に対してもそれができるようになるんです。

雨宮 ただ聞き取ってもらうだけで。

森川 誰かに聞いてもらう体験がなければ、誰かの話を聞くこともできない。そういうことなんですね。

医師と患者の権力構造を相対化する

森川 これまでの精神科医療というのは、患者さん（相談者）に対して医療者が権威的な立場にいて、一方的に診断を下し、治療法を命令する立場にありました。オープンダイアローグでは、それをフラットな関係性にするための工夫をしています。一対一の対話ではなく、3人以上にするというのもそのひとつです。

当然のことですが、医者も個人としてはそれほど豊富な人生経験を持っているわけではありません。しかし、相談者と一対一で向きあうと、どうしても知識や権威の圧倒的な差が生まれ、医師の言うことを相談者が「聞くか・聞かないか」という関係になってしまいがちです。精神科医療でいえば、医師の言うことを聞かないなら身体的な自由を奪う判断さえ、医師の胸先三寸でできてしまうわけです。こういう関係におちいる危険を回避するために、オープンダイアローグでは、医療などの専門家はかならず2人以上で参加することが大切にされています。そうすると、一方の専門家が言っていることをもうひとりが否定したり、別の見方を示したりします。相談者と専門家の間の力の差は消えるわけではありませんが、専門家が2人いることで権力が相対化されて、結果として対等な関係に近づくんですね。

雨宮　なるほど。

森川　ひとりの医師の固定された視点ではなく、複数の視点で見ることで、相談者にとっても見える世界が広がります。相談者だけでなく専門職側も同様です。さらに、専門家だけでなく、たとえば相談者のご両親に入ってもらうとか、複数の人が参加することで、それぞれの人生経験が重ねあわされて、立体的な世界が立ち上がってくるんですね。

雨宮　そうやって話しあって、なにか方向性を出すということですか。

森川　方向性は出ないんです。一対一なら決まるかもしれませんが、5人、6人となっていくともう、誰ひとり言う通りには動きませんから。何も決まらないまま60分ただ対話します。そうやって話しあって、何が変わるかといえば……。

たとえば、ひきこもりの状態にいる方がいて、そのお父さんがどうにか息子を外出させたいと思っていたけれど、オープンダイアローグのスタイルで「みんなで話しあったことによって、お父さんが正しいと思っていたことが唯一の答えであるというわけではなかった」という経験をすることで、お父さん自身のプロセスがひとつ進みます。お母さんも同様に、お母さん自身の人生のプロセスがひとつ進む。そうして、お互いを理解しきるとか思い通りになることはないということがわかるだけで、お互いの人生が少し変化するのです。

オープンダイアローグの中では、たとえば「統合失調症」といった「病名」は使いません。なぜかと言うと、たとえば幻聴が聞こえる人がいたとしても、それが聞こえる理由は一人ひとりで違うからです。たとえば、幻聴が聞こえはじめる前から孤立していて、ひとりで思考が煮詰まっていたりする。ダイアローグ（対話）に対してモノローグ（独白）の状態ですね。そういう人たちが、オープンダイアローグを通じて、ひとりじゃないということを実感していったり、違う多様な考えに触れていくと、だんだんと幻聴が薄れていくことがあります。幻聴が要らなくなってくる人もいる。

雨宮　要らなくなる。

森川　そうです。

自己防衛としての理論武装

雨宮　事件の話題に戻りますが、無差別殺人をした人が「死刑になりたかった」と理由を語ることがあります。ですが、植松被告は死刑になりたかったわけでもないのですよね。そもそも自分のしたことが悪いことだと思っているふうがない。

森川　自己防衛を必要とすることってあるのかなと思うのですよね。それがなくなった瞬間に人は死んでしまうのではないか。それは心を守るための方策として存在するのだと思います。

人間は、自分の心を守るために理論武装することがあります。動物が捕食されるとき、脳が三つの行動をすると言われていて、攻撃するか、逃げるか、固まってフリーズするか。フリーズした状態だと、脳の作用として痛みを感じないんですね。しかし人間は、困難が起きたときにフリーズすることが苦手なので、その代わりに理論武装で心を守るようになったのではないでしょうか。心の自助作用として。

たとえば、嫌なことがあったら怒るというのは自然な感情ですが、それが許容されない環境に生きていると、だんだん怒らなくなります。それは社会に適応するためですが、本来なら逃げなければいけない状況でも逃げられないと、それを正当化するロジックを自分で編み出す。同様に、本来はフリーズせざるをえない困難に直面しても、フリーズすることが許されない場合、それをなんとか論理的に正当化しようとする。そうして、自分の心を守るために理論に依拠していると、しだいに自己洗脳されていく。そんなふうなことを思いました。それが正しいかはわかりませんが。

雨宮　少子高齢化していく日本の将来を考えたら福祉や医療のコストを削減しなくてはいけない、それに賛同しない人は国家の持続可能性を考えない非国民だ、というような主張が増えていますよね。その中で、貧困者や障害者の生存権を守れと主張することが、むしろ無責任な主張かのように受け取られる雰囲気があります。森川さんもロスジェネ世代のひとりだと思いますが、そういう傾向をどう思いますか。

森川　わからない未来への恐怖、怖いと思うときがある。そういうときにこそ、鋭利な理論になびいてしまうことがあります。ショートカット思考と言いますが、医師にもありがちで、目の前にあらわれた兆候だけで診断してしまう。たとえば相談者が幻覚を訴えたら「じゃあ統合失調症ですね」というように。でも、家族背景などをよく聞いていけば、実は虐待を受けていて、そのための解離症状だったりするかもしれない。幻覚を抑えようと薬を出すのか、こころの傷が癒えるにはどうしたらいいかと一緒に考えるのかの差がそこで生まれてしまうのです。

ショートカット思考になってしまうと多くの場合、自分がいちばん選びたいものを選んでしまうバイアスにおちいります。同じように、たとえば財政が危機だと強調されればされるほど、それを解決してくれる鋭利でわかりやすい打開策を求めてしまう。そういった心理があるのではないでしょうか。

ロスジェネ世代とサバイバル的な世界観

雨宮　それはよくわかります。思えば、90年代にバブル崩壊後の不況におちいったときも、派遣労働を解禁して雇用を流動化すれば解決するとか、その後も郵政を民営化すれば何か明るい展望が開けるかのような、変な熱狂がありましたよね。結果としてそれは竹中平蔵氏とか、一部の新自由主義者を儲けさせる結果にしかならなかったわけですが。

森川　それはあったかもしれないですね。あのころ、不安と同時にどこかでワクワクした人も多かったと思います。

雨宮　ワクワクしてましたよね。ロスジェネって、新自由主義的な政策でいちばん痛い目にあった世代なのに、それを進めた政治家を熱心に支持する人も多かった。小泉政権なんて典型的でした。古い日本型経営を脱して、既得権益をリストラして能力主義にしなくてはダメなんだ、と。自分は非正規労働者なのに、まるで企業経営者とか政府首脳のように上から目線で語る人が本当に多かったと思います。

森川　そうですね。

雨宮　高度成長時代のシステムではもうやっていけないから、誰かが決断してメスを入れなければいけないんだ、それで団塊世代のような正社員層が特権を剝奪されれば、自分たちの生活も少しはましになるかもしれない……。赤木智弘さんの「希望は戦争」もそうでしたが、そうやって互いに誰かを蹴落とさなければ生き残れないというサバイバル感というか、殺伐とした世界観を骨身に刷り込まれた世代なんだなと思います。

いま言われている、社会保障を切り下げなければ財政が破綻するとか、増税しないと社会が持たないぞといった主張も、そういう世界観に立っていると思うし、どこかでそれを否定しきれない自分がいると感じています。

森川　そういう考え方を「自己犠牲思考」と言ったりもしますね。自己犠牲思考は、自己の選択でジレンマを解決できるから簡単なのです。たとえば消費税率を上げるか上げないかという議論のとき、10％に上がっても自分は我慢できるという人は上げることに賛成します。自分が進んで犠牲になるという選択をしながら、目の前のジレンマを解決できるから心理的には楽なのですね。見方を変えれば問題をお金で解決しているとも言えるのですが、葛藤をショートカットで解決できるという意味では魅力的です。みずからを犠牲にするということは、そういう安易な選択でもありうるということですね。

雨宮　たしかに、そういう「余裕を見せる」ような態度をとる人がいますね。終末期医療の話などでも「自分が末期になったら、延命しなくていい」と積極的に言う人が年長世代の中にもいます。むしろ、それが高齢化社会を生きる者のある種の〝たしなみ〟かのような。一見、潔い態度に見えるんですが、それが他者にスライドすると優生思想的な発想になってしまいますよね。「お前にはもう延命する意味がないだろう」と。しかも、何をもって末期とするかなどがかなり曖昧だったり。

森川　もちろん、苦痛を緩和するケアには意味がありますし、本人の希望として尊厳ある最期を迎えたいという意思を持つことは否定できないようにも思うので、難しいですが……。

自分が弱者だと認めたくない心理

森川　少子高齢化によって社会的な負担が増えていくという議論の中で、よく認知症の高齢者がそのシンボルとして扱われますよね。私も、日頃の診療の中で認知症の方と接することがあります。そういう中には、会話中に話題を忘れてしまうようなおじいちゃんもいるのですが。

実は私の子どもがもうすぐ生まれるんですが、そのおじいちゃんが人づてに出産予定日を聞いたそうで、それをずっと覚えていてくれたんですよね。それで、私の手をがっしり握って、「おめでとう。あなたに先生が生まれるんだよ。唯一あなたに嘘をつかない先生なんだよ」と言ってくれたんです。

これは感激しましたね。また別の認知症のおばあちゃんは、出産が不安だという話をすると、「私は4人育てたけど、子育てで苦労したことなんてない。だいたいのことは、子どもに聞けばいいのよ」とアドバイスしてくれました。

そういう人たちを「社会的に無用な存在」だと、どうして言ってしまえるようになっているのか。私はそんなふうに思ってしまいます。高齢者を一律に社会のお荷物のように見て、彼らは役に立たない弱者で、自分たちはそれを支えて犠牲になるだけだというのは、薄っぺらい世界観だと思います。「認知症」とか「終末期」といったレッテルでその人たちを排除してしまうと、今度は彼らがいなくなった社会の側に多様性が失われて、さらにみんなが生きづらくなると思うんです。誰かを排除すればするほどみんな苦しくなっていく、そういう罠があるんじゃないでしょうか。

雨宮　2000年代にフリーターの労働運動を始めた当初、「自分たちは新自由主義的な社会の犠牲者だ」と言うと、むしろ若者自身から反発が出てきたんです。「自分たちは弱者なんかじゃない、自分たちが選んだことなんだ」と。その気持ちもすごくわかるし、強者と弱者、両方の面が誰にもあって一面では語れないことはもちろん理解できるんですが。社会の問題をいくら訴えても、個人の問題に回収されてしまうジレンマを感じていました。

ロスジェネという問題が提起されて10年以上経って、貧困が自己責任ではないということは社会の中にやっと認められてきたと思いますが、個々の当事者の立場からは、自分がそういう時代の犠牲者だということは、いまも容易に認めたくないことなんだと感じます。

森川　「かわいそう」「哀れな存在」とレッテルを貼られたとたんに、自尊心が傷ついて苦しくなる。認知症のある人でも、自分が認知症を持つと認めたがらない人は多いですが、そう認めても安心だということがわかるとあっさり「私、認知症なの」と言ったりもしますね。認知症になることが悲惨なことだとか、周囲に迷惑をかけるといった考えのみだと、それを認めたくないので無理をして「自分は違う」と言い張る。言葉のイメージというか、スティグマによって殺されるということが実際にあると思います。

「耐え忍ぶ」日本と「工夫する」北欧

雨宮　「迷惑をかけない」というのが日本社会では最大のモラルのようになっていますよね。「他人に迷惑をかけるな」と子どものころから言われ続けていて、弱者であるということは自分が迷惑をかける存在だと認めることになるから、生活が苦しくても他人にも公的福祉にも頼らず生きていこうとする。そして最期も家族に迷惑をかけないように尊厳死を選ぶ、というのは「迷惑」の内面化された最たるものではないでしょうか。日本の国教は「人に迷惑をかけるな教」だと常々私は思っていますが、「迷惑をかけるな」という圧力がこんなに強いのって日本だけなんでしょうか。

森川　同じ苦しい状況でも、個々人が我慢してがんばってしまうのが日本で、みんなで話しあって工夫するのが北欧だと思うんです。さっきお話ししたように、自分を犠牲にして耐えるというのはいちばん安易で短絡的な対応だと思うんです。北欧ではむしろ「自分たちがいま苦しんでいる状況は次の世代も経験するかもしれないことだから、いまの世代のうちに乗り越える方法を考えよう」と、社会全体で受けとめる考え方があると感じます。

雨宮　なるほど。そう考えると社会の雰囲気がまったく違ってきそうですね。たしかに高齢者も就職氷河期も、自分たちだけで耐え忍んでいたら問題は解決せず、いずれは別の誰かが同じ被害を受けるかもしれない。セクハラで苦しんできた年長の女性たちが、「自分たちがセクハラ的な文化を終わらせることができなかったから下の世代を同じ目に遭わせてしまった」と悔やんでいるのと似ているなと思いました。北欧の人たちがそういうふうに考えられるのは、やっぱり政治への信頼があるからなんでしょうか。声をあげれば社会が変えられるという自信があるというか。

森川　北欧でも政治の悪口はいつもみんな言っていますが、きちんと議論すればいい方向に変えていけるという信頼感はあるように思いますね。北欧の福祉も縦割りで、うまくいっていない点は多いと聞きますが、私が視察した地域では、少なくとも「本人のいないところで本人のことを決めない」というルールは徹底されているように思いました。

雨宮　障害者運動のスローガンにもなっている言葉ですね。「私たち抜きに私たちのことを決めないで」。

森川　ええ。たとえば地域でなにか問題が起きたとき、行政から2人のファシリテーターが派遣されて、その問題に利害のある住人みんなの意見を聞いてまわるのです。そこですぐに結論は出ないのですが、とにかく責任をもって全員の意見を聞ききることに人的資源を割いているんですね。

そうして、全員の意見を聞ききって、「じゃあ明日また議論しよう」とファシリテーターは帰るのですが、翌日また集まってみると、みんな意見が変わっているわけです。お互いの意見の違いを聞きあったことで変化するんですね。そうして地域で合意されたことが議案となって議会にかけられるのですが、そうしたプロセスを経ているので、議会では左右どちらからも、ほとんど異議が出ないわけです。議会で話されることよりも現場で話されたことのほうが、より現実に近いわけですから。

別の地域では、養成されたファシリテーターたちが、議員全員をホールに集めて、輪になってグループワークをしたりしながらそれぞれ意見を出しあう。その後ふたたび議会を開くと、みんながそれぞれの意見の違いを踏まえて議論できるので、納得のいく結論にたどりつきやすくなるそうです。お互いの信念を変えるわけではないのですが、意見の相違を認識した上でみんなが合意できる方向性を一緒に考えることができる。これには驚きました。

雨宮　そのファシリテーターは、公的な資格のある人なんですか。

森川　国が雇用する専門家です。元になったのは、アンティシペーションダイアローグという対話のスタイルを行政的に制度化したものだそうです。こうした方法を使うことで、住民からの声が届きやすくなるし、住民も思いを話しやすくなる。

ある自治体では、小学校の改築にあたって子どもたちも参加する会議が開かれて、どういう方向で改築したいかということを議論する。そこで出された子どもたちの意見を反映して改築の議案が作られていく。保育園でもそうで、もちろん小さな子どもたちの中でははっきりした希望が聞かれるには至らないのですが、そこでの子どもたちのようすを見ながら、子どもたちが願う方向にそって決定されるということです。

雨宮 へぇーっ。すごいですね。

森川 これを行政の人自身が説明してくれたのには驚きましたね。

雨宮 日本だと、高級住宅地に児童相談所を作ろうとしたら反対運動が起こったりしますよね。なんだか決定的に終わっている（笑）。

森川 とにかく対話しましょう、短絡的なショートカットをしないで、面倒でもお互いの意見を聞きあいましょう、と。そのほうが、結果的には効果的に社会を運営できるということなんだと思います。

雨宮 そういう対話の作法というのを、現代の日本で生活していると体得する機会がないですよね。言いたいことを全部出しあって解決するというのは、アイヌの「チャランケ」みたいだなと思いました。

森川 似ていますね。先住民の研究をしている人の話では、そういう話しあいの場ではたいてい輪になって話すといいます。輪になることでヒエラルキーがなくなり、どこに座っていても自分自身としてその場にいることができる。そうした話しあいが3日間くらい続くこともあるらしいのですが、最終的に結論が出なくなるまで続けるというルールもあるらしいです。先住民の人たちは、それがいいことだと知っていたんですね。多数決で決めるのではなく、みんなが自分の言いたいことを言うことで変化のプロセスを経験し、それぞれ個人の中でプロセスが進み、結果としてそれが共同体をよい方向に導くんだということを。

雨宮　民主主義の原点ってそういうことだったのかもしれませんね。ギリシャの民主主義もそうだったと聞きますし、2011年にニューヨークで起きたウォール街占拠（オキュパイ・ウォールストリート）のときも、ジェネラル・アセンブリー（総会）といって、広場に集まってみんなが順番に話すことで意思決定していたらしいです。それはすごく感動的な経験だったらしいんですが、残念ながら私たちは、日常の中でそういう話しあいを経験したことがほとんどない。

森川　自分たちのいないところで専門家が話しあって大事なことを決めてしまう。そういうものだと思わされているんですね。

雨宮　ただ、現代の国家ではそんな延々と続く話しあいをやっていられませんよね。永遠に何も決められないし、そもそも全員が集まることができないし。北欧ではそこをどうしているんでしょうか。

森川　そこがまた合理的なんですね。話しあって工夫する国。

フィンランドの話ですが、そこの路線電車には改札機がないんです。なので、たまに無賃乗車をする人がいます。日本でいえば、そんなズルは許されないから改札機を作ろうとなりますよね。
ところが、向こうでは、それに対する対策をいろいろな分野の専門家が集まって話しあうと、別の見解が出てくるのです。無賃乗車を監視する監視員を置くと人的コストがかかります。でも、監視することで回収できる罰金と乗車料金、改札機をつけるコストなどをいろいろ比較考量して総合すると「改札はつけず、列車何台かごとにひとり監視員が巡回するのがもっともよい」という結論に至ったそうです。全員の乗車券をチェックするわけではないので、無賃乗車を完全に防げはしないのですが、たまに乗車券をチェックされるから、乗客の多くは切符を買うようになります。そのプラスマイナスを比較して、全員から正当な乗車料金を徴収したときと遜色ないように、最適な頻度で監視員が巡回することにしたそうです。それで結局、改札機はつけなかった。

雨宮 面白いですね。きっちり全員に支払わせようという気がないんだ。

森川 そうです。無賃乗車をすることについての倫理的な評価をあまり重視しない。

雨宮 日本だったら、10円のキセルでも犯罪扱いですよね。少し前に、コンビニのコーヒーで100円のカップに150円のラテを注いだだけで逮捕された事件が報道されて、SNSでも多くの非難の声が上がっていました。そういうのを見ていると、巨悪に対しては怒らないのに、そういう小さな「ごまかし」を許せずに徹底して叩くというのは、どこか社会がおかしくなっているような気がします。タレントの不倫とか薬物使用に対する過剰なバッシングにも同じものを感じます。

森川　そこから逃れるためにも、やっぱり対話が必要なんだと思います。そしてこのとき、少数の専門家だけが話しあって決定するのではなくて、いろいろな分野や専門性の人がいて、それぞれの立場で見え方が違うことを知っている、その人たちが集まっていろいろな視点から話しあってベストな解を探すという考え方が大切にされます。

オープンダイアローグも、もともと「当事者を排除して専門家だけで決めるのをやめよう」というところから始まった考え方なんですね。オープンダイアローグ発祥の地では、相談者に対して精神科医だけで応答するのではなく、看護師さんや福祉職の人、外部の支援者、学校の先生、友人、ご家族など相談者に関係する人たちが集まって、それぞれの視点を話しあいます。このとき、誰かの意見が正しいという議論はしません。それぞれの視点を出しあって、参加者それぞれが自分自身の視野を広げていく。すると、対話の前と後では見えている景色が変わってくる。自分だけの視野で意思決定をするよりも、より本質的な意思決定に近づくことができる。

本人がいないところで専門家が話しあって患者さんを施設に送り込むのをやめて、医者も当事者も同じ輪でそれぞれの意見を出しあうようにして話しあったら、いつのまにか精神科病棟がほとんどいらなくなった。そういう結果を見て、どっちのほうが本当に効果的なんだろうということです。

職場の関係性も対話によって変わる

森川 そういう対話の考え方って、身近なところから始められるし効果があるんです。つい数カ月前にも、私自身、オープンダイアローグのセラピーの中で自分の生い立ちを話して、すごく泣いたんですよ。これまで抱えてきた苦労が実感できた。私もショートカット思考で自己犠牲の選択をしてきたのだなと。そして、その選択が最悪だったことにも気がついたんです。

職場がきつい状況で、自分が我慢してなんとかしようとがんばるしかないと思って深夜まで働いたりして、どんどん追い込まれていった。そういう選択が間違いだったと気がついて、あるときスタッフ全員で、このことについて話しあいをしたんです。職場の問題とか改善点とかではなくて、「人生の価値とは」というテーマで、好き勝手に話した。

雨宮 議題が大きいですね（笑）。

森川 そういう中で、お互いが何を大事にしているのかを言葉にしていくと、それぞれが何を思って仕事をしているのかが見えてきた。ときどきイライラしているようすに見えたスタッフは、時間調整がうまくいかないときに焦っていたんだということがわかったり。そういう誤解が解けていくと職場の人の関係性が変わっていきます。

ただ愚痴を言いあうだけの会議というのもやりました。職場のスタッフたちが疲れ果てていて、雰囲気がギスギスしはじめたときに、お昼休みにミーティングに集まっても誰もが発言しにくくなっていたので、「とにかく愚痴ろう」としました。前向きな発言は禁止、愚痴が足らない人には「愚痴が足りないぞ」と促す（笑）。ただし、その会議で話したことは外では話さないというのがルールで。

そうやって1時間くらい愚痴りあったら、お互いに格好をつけることをしなくなった。相談者から無茶な要求をされたときなんかも、自分はプロだからとか、ケアする立場だからと見栄を張ってつい我慢してしまうんです。でも、そういう格好をつけるのをやめると、「ああ、面倒だ」とか自然に口から出てくる（笑）。

雨宮　いいですね（笑）。

森川　でも、それを言ったあとで「あ、いけないいけない」と反省して、きちんと対応するなんてこともあるんですよ。嫌な気持ちになったときに、それをプロだからと我慢するのではなく、「面倒だ」と言葉にすることで、面倒だと自分は思っているんだなとわかるし、格好をつけなくてよくなっているので、そういう弱い部分をまわりもわかってくれる。自分の荷物が降りるし、追い詰められていたことも自覚できる。結果としてはそのほうがうまくいく。我慢して抱え込んだほうが、むしろ悪い結果を招くんです。

雨宮　そうですね。みんながいつも余裕でいられるわけないですもんね。

市場の外に本当の社会がある

雨宮　重度の障害者を生かしておくのにお金がかかるという話や、人工透析や高齢者の終末期医療にかかる財源が無駄だから安楽死させせろといった議論は、生活保護や路上生活の人へのバッシングとも通底するところがありますよね。森川さんの本の中に、ホームレスのおばあさんが生活保護をすすめられても「国の借金が増えて困っているようだから」と断ったという話が出てきます。それに対して森川さんは「国の借金はわしらが何とかする、だから保護を受けて」と言って説得したということです。私はすさかずこんなふうに言えないと思ったのですが、どうして森川さんには言えたんでしょうか。

森川　根本的には、お金って自分たちが幸せになるための手段じゃなかったっけ、ということだと思うんです。幸せになるための活動にはお金ももちろん必要になるけど、お金が至上目的になってしまうと、もともとの目的だった幸せが見えなくなってしまう。

雨宮　財源と命を天秤にかけるような考え方は、いつから生まれたんでしょう。

森川　そうですね……どこから話を始めるべきかわかりませんが。さかのぼって言うと、産業革命以降。

雨宮　さ、産業革命⁉　そこからですか（笑）。

森川　はい。産業革命というのは、蒸気機関の発明から始まったのだという考え方があります。それまでの社会では、生活していくための仕事も家庭の中にあった。家庭の中や近所の人と一緒に仕事をしたので、そこに会話もありました。そうすると、世の中には障害を持った人もいるし、高齢者もいて、人々が多様だということが自然と理解できる環境があった。

しかし蒸気機関の発明以来、社会の移動可能性と分業化が進み、それぞれが得意な分野で集まって働くことが主流になった。それによって、多様な人々が一緒に働いたり生活したりする部分が狭まり、自分たちとは違う人々がいることを想像しにくい社会になっていった。テイラーという人が工場の合理化をめざしてさまざまな工夫をこらして以降、効率化が生産の至上命題になっていきます。効率を上げれば上げるほど大量のモノを作ることができ、それが工場の利益を最大化する。結果的に、市場で一番になることが重要なことになっていく。消費者は一番の商品やサービスを買うからです。そこでは、多様性というのは効率化を阻害する要因としか見られなくなっていきます。

しかし、そうした効率主義が進んでいくと隙間も生まれます。たとえば、近所の道の掃除といったことは生産的な価値を持たないので放置されます。人が生きていく上では不可欠な仕事でも、利益を生まない仕事には価値が与えられず、結果として賃金も支払われない。人間の生存にかかわる本質的な仕事が、市場的な価値観の中では不当に軽視されて、ボランティアや女性の無償労働に委ねられていきます。あるいは、派遣労働者や外国人労働者などの低賃金の労働になっていく。

これはマネジメントの体系を作ってきた人とされるピーター・F・ドラッカーが言っていることで

すが、彼は「これからの社会は非営利組織が動かす」とも言っていて、市場の中で営利企業が競争しあうだけでは絶対に埋めることができない隙間があるので、そこを埋めるために、非営利の目的を持った団体や個人が重要な役割を果たすと述べています。

現代の問題というのは、社会の中でお金の流れが滞って、必要なところにお金が回らず、一部のところに莫大なお金が蓄積されていることだと言われているわけですが、そうなるとみんなが不安になってお金を貯め込むので、ますますお金の流れのバランスが悪くなります。それによって生まれた問題を解決するには、ＮＧＯやボランティア団体のような非営利の組織が、社会全体の幸福のためにお金を集めて使うと訴えていく。みんなの必要のためにお金を使うことが、結果的にお金の流れを変えて、経済のバランスもよくなっていく。

雨宮　いま多くの人が持っている社会のイメージって、沈んでいく船の上で救命ボートを奪いあっているような状況じゃないかなと思います。奪いあっているのは財源だったり、正規雇用の職だったり。生き残るには誰かを蹴落とすしかなくて、蹴落とされたら船と一緒に沈むしかない。そういう恐怖感にみんなが駆られている気がします。

森川　そうやって恐怖や不安にとらわれると、さっき言ったショートカット思考や犠牲思考におちいる、というか逃げやすくなるのではないかと思います。国の借金が膨大だ、だから命の選別も仕方ない。あるいは、それぞれ我慢して耐え忍ぶしかない。そういう短絡はみんなの幸せには結びつかない。

雨宮　この20、30年ずっと、ひたすら不安だけを煽られていますからね。

森川　そうならないためには、さっきの北欧の電車みたいに、視点を切り替えて別の解決策を考える。そのために多様な見地を持った人を集めて話しあいをする。大切なのは、自分たちの将来を専門家任せにせず、自分たちで話しあって考える道を探したり工夫したりすることです。その中で、世界の複雑さを無視しないような解決の道も考えられるんじゃないでしょうか。

でも、日本でもそれに気づいた人がなんとかしようとしているので……きっと大丈夫じゃないかな、と思います（笑）。

雨宮　最後だけ、すごく楽観的ですね（笑）。

向谷地生良×雨宮処凛

第6章

植松被告がもしも「べてるの家」につながっていたら

「生きづらさ」界の〝ラスボス〟といえば、「べてるの家」の向谷地生良さん。べてるの家から始まった「当事者研究」は、障害の枠を超えたムーブメントになりつつある。「今日も、明日も、あさってても問題だらけ、それで順調」と笑う向谷地さんが、「無差別殺人」願望のある青年と知りあい、語りあった末にたどりついた境地とは。

向谷地生良（むかいやち・いくよし）
ソーシャルワーカー。北海道医療大学教授、社会福祉法人浦河べてるの家理事。著書に『増補改訂 「べてるの家」から吹く風』（いのちのことば社）、『技法以前』（医学書院）ほか多数。

雨宮　浦河べてるの家（以下「べてる」）のことはずっと興味を抱いて本も読んできましたが、向谷地さんと対談するのははじめてですね。はじめに、向谷地さん自身のご経歴と、べてるのこれまでについてお話しいただけますか。

向谷地　私の住んでいる浦河町は北海道の太平洋側の海沿いにある、人口1万2000人ほどの小さな町ですが、たまたま縁あって1978年に、町内にある総合病院の精神科専属のソーシャルワーカーとして仕事を始めたのが最初ですね。

依存症者に揉まれながら

向谷地　私も浦河に来てはじめて知ったんですが、町民のおよそ3割が先住民であるアイヌの血を引く人たちと言われていました。世界的にも、少数民族の人たちがさまざまな文化的・社会的な圧迫を受けるなかでアルコールなどの薬物に依存せざるを得なくなることはしばしば起きるんですが、浦河でも多くの人たちがアルコール問題に苦労していました。とくに当時は女性のアルコール依存症者のほとんどがアイヌの人でした。しかも、典型的な貧困の連鎖のような家庭が多かったですね。
それと、浦河には在日韓国・朝鮮人の二世、三世も多いですね。戦前、いわゆる強制徴用で、炭鉱などでの労働力として朝鮮半島から北海道に連れてこられた人たちがいて、多くは終戦後に帰国しましたが残った人も多かったんです。その人たちが、おもに十勝などから温暖な日高地方に移ってきてアイヌのコタン（村）に受け入れられたんですね。そういう歴史的な背景があるんです。
忘れられないのですが、私が就職した70年代には、浦河の町にホームレスの人もいたんですよ。

雨宮　えっ！　北海道でですか。

向谷地　そう。60歳くらいのアイヌの人でした。アルコール依存症でね。夏でも冬でも、いつも黒っぽい長いコートを着て、町の中を酔ってふらふら歩いて。どこで寝ているのかも、何を食べているのかもわからない。酔っては、農協に行って「俺の土地を返せ！」ってわめいてましたね。

雨宮　どうやって生きていたんでしょうね。

向谷地　病院では夜間当直というのをやってたんですけど、夜間、ロビーの隅で寝ているホームレスの人を追い出すことが仕事としてあったんです。救急の玄関は開いてるのでそこから入って、ロビーとか建物内の隙間を見つけて寝ようとするんですね。とくに冬は寒いから。

雨宮　でも、そういう人を追い出すんですね。

向谷地　当直の役目として、させられるんです。で、追い出された人たちは、浦河の別なところで酒瓶を枕に寝るんです。

雨宮　よく凍死しませんね……。

向谷地　浦河に赴任してすぐ、地元の保健師さんに「この町でいま一番困ってる人を紹介してください」とお願いして、連れていってもらったのもアイヌの人の家庭でした。夫は青森の南部から来た元漁船員で、奥さんはアイヌの人。奥さんのお父さんはメチルアルコール[*1]で失明した依存症者で、母親は統合失調症でした。2人の妹と弟がいたんですけど、妹さんの連れ合いも全員、依存症を持っていて、依存症を持つ親のもとで育った人たち。もちろん弟さんも依存症で。どこを見てもそういう家庭ばっかりでした。

そのような環境で育つ子どもたちは、いまで言うネグレクトや虐待と言われてもいいような状態でしたね。酒をめぐっての親族間のトラブルやケンカも絶えなくて、家族に「何かあったら電話ください」と伝えて、毎日毎日、トラブルのたびに駆けつけるのが最初の仕事でした。忘れられないのが、先ほどの奥さんからSOSをもらって駆けつけたら、酔った夫と弟さんのケンカの仲裁をするはめになって。このままだとどっちかが死ぬんじゃないかと思って、仲裁に入った私が弟さんにボコボコに殴られたりして。そういうことばっかりだったんです。

そうやって、最初はアルコール依存の家庭から始まったんですが、統合失調症だとか、他の病気を抱える人たちも多くいて、地域の中ではしょっちゅうトラブルが起きます。バットを振り回して暴れるとか、誰かに狙われてると言って近所とトラブルになるとか。そういう相談を家族から受けては駆けつける毎日でした。

＊1……燃料や原料として広く工業利用されるメタノールの別名。戦前や戦後の混乱期、密造酒に利用され中毒事故が多発した。

精神障害を持つ当事者とともに暮らす

雨宮　大変なお仕事ですね。もともとソーシャルワーカーになろうと思ったのはどうして？

向谷地　学生時代は難病患者さんの支援ボランティアをやっていて、精神分野についてはまったくの素人でした。私の名づけ親である叔父さんが統合失調症だったらしく、私の兄弟も含めて親戚にもそんなエピソードを持つ人たちがちらほらいますが、それで精神分野をめざそうと考えたことはありませんでした。ただ、なんとなく人間そのものへの興味や関心はあって、思想や哲学、心理学関連の書物を読み漁ってましたね。精神医療については、就職が決まってから急遽《きゅうきょ》1週間だけ、札幌の精神科病院で実習をさせてもらっただけです。

私が浦河に来て思ったのは、セツルメントのような活動をやりたいなということ。セツルメント（移住者）っていうのは、もとは1880年代の産業革命期のイギリスで、トインビーという経済学者が学生を連れてスラムに移り住んで、貧しい人たちと寝食をともにしながら貧困問題を解決しようとした運動です。日本でも戦後は各地の大学にセツルメントのサークルがあって、私は直接参加しませんでしたけど、浦河に来て貧困の連鎖に出会ったときに、セツルメント的なことをしてみようと考えたんですね。

そもそも学生時代、ほかの学生たちは実習でいろんな病院や施設に行きましたが、そういうところで自分が白衣を着て、いかにも物を知った専門家のように相談に乗るなんて居心地悪くて仕方ないと思った。だから、大学に頼んで、難病の患者会の事務局で実習をやらせてもらったんです。そんな学生は私がはじめてだと言われました。自分は難病の当事者運動に育てられたようなものだと思っています。だから、障害分野でも、もっとも当事者性を損なわれている精神障害を持つ人たちの当事者運動をやってみようと思ったんです。

雨宮　それで患者さんと一緒に活動を始めたんですね。

向谷地　ええ。79年に、のちに「浦河べてるの家」と名がつく古い教会堂に住み込んで。浦河の教会は貧乏で、牧師さんも不在の古い教会だったんですが、空いている部屋があったのでメンバーさんたちに「一緒に住みませんか」って。

雨宮　また、勇気ある行動ですね……。

向谷地　当時、浦河赤十字の精神科の先生が、患者さんの自助活動を育成して地域ベースで精神医療を展開しようと考えて、アルコール依存の人たちの断酒会、精神障害の患者さんの家族会、それから当事者の回復者クラブといった活動を立ち上げたばかりでした。そのためにはソーシャルワーカーの存在が不可欠ということで、私が日高管内で最初のワーカーとして採用されたんですね。ただ、精神障害の人たちの回復者クラブは、始めたものの活動休止状態で。とにかく一緒に住もうと、私が教会で生活を始めたのが79年。当初はえらい苦労したんですよ。

雨宮　どういう苦労ですか。

向谷地　精神科を退院して教会の2階に住んだ青年が、変わった人だったんですよ。もともとはイカ釣り漁船の漁師で、浦河沖に来たときに具合が悪くなって緊急入港して入院した。その人が退院したあと行く先がないというので、「じゃあここに住んだら」って2階に住むことになったんです。

あるとき、部屋に戻ったら、2階の窓から1本のロープが下がってるんです。「敵に襲われたとき脱出できるように」って。次はビールをケースごと買い込んで飲みはじめて。そして、今度は窓から日の丸を出して、カセットテープで軍歌とか君が代を流して、「敵機来襲！」ってビール瓶を手榴弾みたいに道路に向かって投げはじめる。そして目の前の道路を匍匐《ほふく》前進（笑）。

雨宮　それは大変ですね（笑）。

向谷地　元自衛隊員だったんですけど、「2階にいたら、敵に襲われたとき逃げられないから」と、私の部屋を作戦基地にすると言って。家に帰ったらサバイバルナイフを片手に突然羽交い締めにされて、「ああ、敵かと思った」とか言うんですよ。番犬だと言って私の部屋で犬を飼いはじめたり、散々な目にあいました。

雨宮　帰っても気が休まらないですね（笑）。

向谷地　私の部屋の電話からアメリカ大使館に電話をかけたり、国際電話で「パレスチナのアラファト議長につなげ」ってわめいたりね。もう大変な目に（笑）。

雨宮　（笑）。でも本人は、日本の平和を守ってるつもりなんでしょうね。

向谷地　病院に忍び込んで盗んだ白衣を着てスナックで飲み歩いたり、病院の中をうろうろしたり。知らない看護師さんはそれを見て新しく来た先生と勘違いするんですよ。救急外来に来て「俺、今日疲れてるから呼ぶなよ」と言ったりして。最後はお巡りさんの力を借りて病院に連れていくしかなかった。

雨宮　え、最後は警察のお世話に。

向谷地　そう。従来の精神科医療の考え方では、統合失調症などの患者さんに対しては、投薬治療して段階的にリハビリを施して、自立・回復をめざす。そういうひとつのイメージがあったわけです。でも私は、お医者さんには悪いけど、病院の中での回復っていうのに違和感があった。当事者運動とか当事者活動の影響を受けてきたこともあって、病院に就職してすぐ思ったのは「医学の医は〝囲い込み〟の囲、看護の看は〝管理〟の管、福祉の福は〝服従〟の服」だなって。この構造が精神科の中に根を張っている。そういう中での回復とか治癒なんてありうるんだろうか、と。

だから、なるべく精神科から離れたところで、患者さんといろんなことをしてみたいっていう思いがあったんです。でも現実は、お巡りさんの力を借りて、引きずるように入院させざるを得ない。

雨宮　そういうときは、やっぱり挫折を感じるんですか。

向谷地　それはもう、敗北感と挫折感ですよね。彼には本当に苦労しました。

雨宮　どうしてそんな大変なことを自分からできたんですか。正義感なのか使命感なのか、趣味なのか（笑）。

向谷地　単純に私は、これがソーシャルワーカーとしての務め、仕事だと思っていました。というよりも、そう思わないと続かないような感じでしたね。

雨宮　でも、仕事にしては割が合わないじゃないですか。

向谷地　……本当に、そうですね（笑）。

雨宮　（笑）

向谷地　普通の病院では、ソーシャルワーカーは病院にいて、来た患者さんの相談を受けるのが仕事です。それに対して、地域で患者さんと一緒に住んで、何かあれば飛んでいく、日曜祭日もなくね。

雨宮　24時間ですもんね。逆に、そんなことをできるくらいゆるいというか、自由だったんですね。現在だったら、「何かあった場合に責任問題が……」などと言われると思うんですが。

向谷地　当時も、そんな仕事ぶりだったので、いつもまわりから批判的に見られていましたね。上司の先生からいつも叱られてばっかりで、5年目で精神科を出入り禁止になったりしたんです。

雨宮　ソーシャルワーカーなのに（笑）。余計なことをするなっていうことですか。

向谷地　そうでしょうね。患者さんとほとんど接触禁止になりました。それがちょうど、べてるの家が始まった84年のことです。

「べてる」の由来となった障害者の町べーテル

向谷地　1980年に、牧師がいなかった浦河教会に牧師の宮島利光さん・美智子さん家族が赴任しました。私は82年に結婚して教会を出たんですが、隣に新しい教会ができて、古い建物に住み続けるメンバーさんに宮島夫妻が食事を作ったりしてくれるようになりました。「べてるの家」と名前をつけてくれたのは、その宮島牧師なんです。83年の11月にメンバーの早坂潔さん（現・べてる代表）が、宮島さん宅の茶の間で、奥さんの手助けのもとに昆布の内職を始めました。そのとき、この活動に名前をつけようと言ってつけたのが「浦河べてるの家」だったんです。

その由来は、ドイツのビューレフェルト市という、オランダに近い工業都市の中にある、ベーテル（ヘブライ語で「神の家」）という小さい町の名前です。いまから170年くらい前、その町にある小さな教会が、てんかんの青年たちを受け入れて共同生活を始めた。当時、てんかんの人たちも社会から理解されず、非常に困難な立場にあったようです。そこに、いろいろな障害を持つ人たちが集まるようになって、働く場所や暮らす場所、病院などが徐々にできて、町に発展したんだそうです。

雨宮　もともと、そういう障害を持つ人の町の名前が由来だったんですね。まさに、その後の浦河の予言みたいです。

向谷地　そうなんです。ナチスの時代になって、ドイツは障害者や難病患者は国の発展の阻害要因だと考えて、安楽死計画を実行しました。とりわけ精神障害者をターゲットに、選別して安楽死させる政策が始まって、当然ベーテルの障害者たちも対象になったんですが、町の人々があの手この手で抵抗して彼らを守ったそうです。たとえば、詳細なチェックリストに基づいて対象者を選別する段階で、この人はこれができます、あれもできます、と証言したりして。そういう逸話のある町なんです。

雨宮　T4作戦といわれた障害者絶滅政策ですね。てんかんの患者も対象だったんですか。

向谷地　精神障害、知的障害、病弱者など全部ですよね。それが実行された先にユダヤ人の大量虐殺があったわけですが、最初は精神障害者の安楽死政策から始まったと言われています。それに抵抗した町がベーテルで、たまたまその話を聞いた宮島牧師が、「べてる」と名付けようとおっしゃったんです。

雨宮　「べてるの家」の由来がそんなところにあったなんて知りませんでした。それこそ、優生思想に対するアンチテーゼの象徴ですね。

向谷地　ええ。2013年に、私たちも念願叶ってはじめてベーテルの町に行ったんですよ。やはり歴史の厚みを感じましたね。障害のある人たちの働く工房や学校、病院もあって、だいたい2×6キロメートルくらいのエリアに約2万人の人が住んでいるそうです。芸術活動とか自己表現が持っている人を癒やす力をとても重視しているので、創作活動のための工房やスペースがたくさんあって、障害を持つアーティストたちがそれぞれ活動していました。そのアーティストたちを招いて浦河のメンバーさんたちと交流しようという計画もあります。

雨宮　街の雰囲気も、浦河のようなゆるい感じですか。

向谷地　障害を持つ人たちを市民として受け入れて、守ってきたという誇りを感じましたね。ドイツの首相が新しく就任すると、かならずベーテルを訪問するならわしがあるそうで、ホロコーストの歴史を持つドイツが人権をとても重視していることがわかります。

雨宮　すごいですね。日本だったら首相が浦河に行くとか、やまゆり園を訪問するようなものですよね。

向谷地　そうですね。首都のベルリンにはホロコーストを記憶するモニュメント（「虐殺されたヨーロッパのユダヤ人のための記念碑」）があったのですが、東京でいえば霞が関のど真ん中に、見渡す限りコンクリートの棺桶を並べたような、不気味なモニュメントを置いているわけです。それを世界各国の大使館が囲むように立っている。このメモリアルパークが作られたのは90年代らしいですが、当時ものすごく反対もあったにもかかわらず、粘り強い対話の中で結局建設できたそうです。そのあたりが日本とは根本的に違うなと思いましたね。障害者の絶滅政策やアウシュビッツを生み出したドイツの国民として、絶対に忘れてはだめだという決意のシンボルなんですね。

物騒な幻聴は社会を反映している？

雨宮　意外なところで相模原事件との接点がわかりましたが、向谷地さんはあの事件を知ったとき、どういうふうに思いましたか。

向谷地　その日は大学にいたんですが、本当にあっけにとられたというか、啞然としましたけど、どこかでは、ああ、やっぱりという感覚もありました。

雨宮　私もそうでした。でも、そういう感覚は、70年代とか80年代にはなかったと思うんですよ。ああいう事件に対して「やっぱり」と思うような感覚って、時代的なものなんでしょうか。

向谷地　孤立した若者が、自分の存在感の希薄さの鬱憤を晴らして社会への復讐を果たすかのように、多くの人にもっとも衝撃を与え、恐怖と不安をかき立てる暴力をあえて行使する。この手の事件は、いままでも形を変えて起こり続けてきたように思いますね。

実は、あの事件の年の3月に、ひとつ記憶に残っていたニュースがあるんです。マイクロソフトが開発したAI（人工知能）の実験で、インターネットにAIを接続したら勝手に学習して、ユダヤ人のホロコーストを否定したり、ヒトラーを礼賛するような発言をするようになったので開発が中止されたというものです。なので、7月に相模原の事件が起きたとき、何かざわっとするものがあったんです。もしかしたらあの青年も、このＡＩと同じような影響を受けていたんじゃないかと。

私がどうしてＡＩのニュースに着目していたかというと、統合失調症の人たちの抱える幻聴や幻覚、妄想は社会に蔓延している言説を反映したものだという医療人類学者の研究を目にしていたからです。

幻聴というのは、だいたい悪口とか「殺せ」とか、物騒なことを言ってくるわけです。そして、本当に数は少ないのですが、中にはその声に脅迫されるようにして、なんらかの事件を起こしてしまう人もいます。私たちも、いくつかそういう事例に遭遇してきたので、どうしたらそれを変えられるかと考えていたときに知ったのがこの研究でした。ターニャ・ラーマンというスタンフォード大学の医療人類学の研究者で、アメリカとインドとアフリカのガーナ、それぞれ20人の統合失調症の患者さんを対象に、彼らの聞いている幻聴を比較するものでした。[*2] それによれば、統合失調症の人が聞いている幻聴は、彼らの属する社会のローカルカルチャーに影響を受けているというのです。たとえば、アメリカの患者さんには「死ね」とか「殺せ」という幻聴が多いけど、安定した共同体がそれなりにあるインドやガーナの人たちは、褒め言葉とか肯定的な幻聴を聞くことが多いそうなんです。

雨宮　えー！　幻聴が褒めてくれるなんて、いいですね。

向谷地　それは私たちも経験的に実感しているんですよ。最初は「死ね」だった幻聴さんが、コミュニティとつながることで変わってきて、しだいにポジティブな内容に変わる。ラーマンが実証的な国際調査からこういう結果を導き出していると知って、なるほどと思いました。つまり、統合失調症の人たちの聞く声というのは、その社会の現実を反映している可能性がある。

人間はそもそも、社会や世界の中に飛び交う言葉や雰囲気、文化を取り込みながら自分をつくっている。それはたとえば、メルロ・ポンティという哲学者なども言ってきたのですが、それが実証的に裏づけられたのではないかと思っています。

いままでの医療は、統合失調症や精神疾患を抱えた人たちの幻聴とか自殺念慮、マイナス思考に対して、薬を飲ませてその人を変えることで解消しようとしてきたわけですが、それが間違っていたんじゃないか。その人たちは、たまたま人より敏感なアンテナを持っていたために、周囲の社会の空気や現実を人よりも素直に取り込んで、その結果として生きづらさや病気というものが症状として立ち上がっているのではないか。そういう考え方ができると思い至ったんです。

＊2……T. M. Luhrmann *et al.* (2015) "Differences in voice-hearing experiences of people with psychosis in the USA, India and Ghana: Interview-based study," *The British Journal of Psychiatry*, 206 (1) 41-44.

トンコロガスに襲われる

向谷地　先日、私たちも関係している池袋のホームレス支援の活動拠点にお邪魔して、20年か30年、ずっと路上生活をしてきたらしい年配の女性と会う機会がありました。話を聞いていくと、長年「トンコロガス」から逃げているというんです。

雨宮　なんですか、トンコロガスって。

向谷地　豚をイチコロに殺してしまう、強い毒ガスということみたいです。

雨宮　だからトンコロ(笑)。

向谷地　「この問題をわかってくれる専門家に会いたい」と言うのですが、名前も過去も言わない。そこで、私が一応〝その方面の専門家〟だということにして「私はトンコロガス問題の研究をしている者です。いろいろ教えてください」と言ったら、彼女はいろいろ話してくれました。聞いていくうちに私は、この社会を覆っている一種の閉塞感のようなものを、彼女はトンコロガスと表現しているんじゃないかと思ったんですね。

その方に、「あなたのお話はすごく大事なことなので、もっと教えてください。そうやって話してもらうことで、ささやかでもいまの社会に対して、毒ではない、きれいな空気を送って、社会を浄化できるんじゃないかという気がするんです」と言ったら、すごく喜んでくれてね。それからは、あちこちに顔を出すようになって、私の講演会にも来てくれたので、アドリブで「一言話してもらえませんか」と言ったら、舞台に上がって、普段社会について考えていることを話してくれたんですよ。

雨宮　すごいですね。

向谷地　彼女には、私たちに見えないものが見えたり聴こえたりするのかもしれませんが、その世界から逃走しようとするとホームレスにならざるを得ないわけです。その人たちの苦労がこの社会を映す鏡のようになって、私たちは彼女から学ぶことができる。そういう循環をつくりだせる大事な人材だなって思いましたね。

雨宮　それがさっきのＡＩの話の裏表になっているわけですね。

向谷地　そうです。私たちがいま当事者研究という活動をしているのは、病気の人を治すというよりは、むしろ彼ら・彼女らの経験を社会に発信することで、この世界に違った種類の言葉を送り込んでいくということだと思っているんですね。

先ほどのＡＩは、ネット空間の中に飛び交っている攻撃的な、あるいは差別的な言葉を吸い込んでヒトラーを礼賛するようになってしまった。相模原事件を起こした青年も、もしかしたらそういう声を知らず知らずのうちに拾ってしまったのかもしれない。彼は、生きる価値のない人を親や社会に代わって〝始末〟したんだから本当は感謝されているはず、という趣旨のことを話しているようですけど、実に私たちが生きる社会の〝痛いところ〟を突いてくる、それは「生きる価値」をめぐる彼自身の根本的なジレンマ、恐怖の裏返しでもあるわけです。彼はその恐怖を乗り越える手立てとして、あの事件を起こして「ヒーロー」になろうとした。そこにしか彼は自分の存在意義を見出すことができなくなってしまった。だから、彼はこのロジックから降りられないし、降りようとしないと思いますね。

神戸金史さんによると、植松被告は自分に影響を与えた人物を聞かれて「トランプだ」と答えたそうです。トランプ大統領はもちろん「障害者を殺せ」なんて言っていませんが、「こういうことを言っていいんだ」という、彼の主張の後押しになったということを言っているようですね。

攻撃的な言説に依存する人たち

雨宮　まさにそうですね。相模原事件と同じ年の9月に長谷川豊氏が「自業自得の人工透析患者なんて、全員実費負担にさせよ！」というブログ記事を書いて批判を浴びました。最近もネット動画で部落差別的な発言をして日本維新の会の公認を取り消されています。北方四島を訪問中に、元島民に向かって「戦争して取り返すしかない」と言った丸山穂高議員も維新の会を除名されています。ああいうタブー破りというか、言うべきでないことをあえて言う芸みたいなものって、なんなんでしょうか。

向谷地　やっぱり、それを作っているのはネット社会じゃないでしょうか。ＳＮＳやネットがない時代は、どんなことであれ、語ったことは人のつながりのフィルターを通してゆっくりと世に出ていった。地上の泥水がゆっくりと土に染み込んで地層の中で浄化されるように、ある種の社会的なフィルターが存在していたと思うんです。現在はそこに穴が空いてしまって、発した言葉がそのままストレートに、無批判に世の中に出て行く。だから先鋭的な言葉が生まれやすいのかなと思います。それに加えて、自分が発した言葉によって社会が揺らぐことに〝存在証明〟を見出す、もしくは〝はまっていく〟という面もあるのじゃないかと思いますね。

雨宮　ネット上では、社会保障の財源とか福祉の費用対効果みたいなことから、真面目に植松の論理に共感するという人が、悪びれることもなくそれを表明しているのにすごく驚きました。

向谷地　植松被告が話していることは、ほとんどがパーツのように、すでに誰かが言っていることのつなぎあわせだと思うんですね。障害者が無用な存在だとか、そういうロジックはすべて彼のオリジナルじゃなくて、すでに過去から現在まで流布している言説が彼の中にどんどん蓄積されている。神戸金史さんの話によると、彼はかつてナチス・ドイツが障害者絶滅政策をとったことを知らなかったそうです。ちょっと意外な気がしたのですが、ヒトラーは、とにかく宣伝が大事だということ、そして、それが人々の心の中に一種の信仰のように根づいて、判断力を見失うように宣伝しなければいけないと言っているんです。時空を超えてそれはちゃんと彼に届いている、そう考えるとより深刻な気がしますね。

雨宮　本当ですね。いまネットでの応酬って、いかに短い言葉で相手を否定し傷つけるかという競いあいになっていますよね。対話とはほど遠い、言葉が凶器のような使われ方をしていると感じます。

向谷地　その通りなんですけど、そういう凶器のような言葉を発してる人たちも、そうしないと生きていけない、ある意味そうやって生きのびようとしてるんだろうなと思いますね。私たちの仲間にも少なからずそういう人がいて、たとえば酒鬼薔薇事件のような猟奇的な事件のことをもっと知りたいとか、そういう血が流れるような生々しさの中にいると安心するという。不謹慎だと思いながらも、そこに安息を見出す現象に苦しんでいる人たちは、一部ですがいますね。それに対して生命尊重とか人権尊重の観点からの批判は、むしろその人たちを孤立させ、逆にそのロジックに酔うパターンに追いやってしまう。なぜなら彼ら・彼女ら自身が、尊重されたり、いわゆる人権の大切さを実感する経験が希薄であるがゆえに孤立しているので、説得力がないからです。メンバーさんに相模原事件に対する感想を求めると、少数だけど「自分はあんなことはしないけれど、〝すごい〟とか〝うらやましい〟という気持ちになった」と言う人がいます。それを聞いたとき私は、井伏鱒二の『黒い雨』に出てくる「おお蛆虫よ、我が友よ……天よ、裂けよ。地は燃えよ。人は、死ね死ね。何という感激だ、何という壮観だ」という一編の詩を思い出すんです。原爆で焦土と化した街に立ちすくむ中でつぶやかれた詩なんですけど、いまの社会は、彼ら・彼女らにとっては「焦土」なのかもしれないですね。

社会の中に、それこそトンコロガスのように充満した生きづらさがあって、それが非常にわかりにくい形で、血を見たり、身体を傷つけたり、心が傷ついたりすることを通じてしか自分の存在を確認できない人たちを着実に育てている気がしますね。当事者研究は、そういう語りにくい、自分でも説明が難しい体験を持った人たちが自分の言葉でそれを語りあって自己表現をしていくことで、生きようとする力に転換していく作業でもあります。

先日、地元で「当事者研究祭り」という催しをしたんですが、そこに来た女性が、人を刺したいとか自分のお父さんを傷つけたい、そういう衝動に駆られてどうしようもないと言うんです。彼女自身も家族関係の中でとてもつらい体験をしてきた方でした。参加者どうし輪になって、はじめて自分のそういった衝動を語ったという彼女と一緒にその問題を研究しました。そういう一見ネガティブな欲求であっても語れる場、語ってもその人が損なわれない場が必要なんだろうなと思いましたね。

雨宮　普通はなかなか言えないですよね。そこだけ切り取って「危険なやつがいる」とバッシングされそうだから。「死にたい」とも言いづらくなっていて、ネットで自殺を匂わすような書き込みをしたら通報されるような動きもありますし。生きづらい人が、安心してそれを吐露できる場所がないと感じます。

私の中にも、物書きになっていなかったら、植松聖とか加藤智大の追っかけみたいになって裁判傍聴とかしてたかもしれないという思いがどこかにあるんですね。20代のころ、ちょうど90年代の鬼畜ブームがあって、そういうものにハマった時期がありました。たとえばパリ人肉事件の佐川一政とか、作家の見沢知廉、私の師匠であり、彼も政治犯であり殺人犯なんですが、そういう人たちのイベントばかり行っていて。そういう世界だけが自分を救ってくれるように感じていました。もともとリストカットもしていたし、自傷行為のように、そういう「鬼畜」をキーワードとしたようなイベントばかり行って、そこに居場所を見出していた。「表」の健全な社会には自分がいられる場所がないと感じていたからです。

自分はどうしてそこから抜けられたのかというと、文章を書くことで大がかりな当事者研究をしたというか。そうしたら、私の書いたものに共感してくれる人もいて、それで治療されていったようなところがあると思います。自分がものを書くのは、自分という犯罪者予備軍を、書くことでみずから予防してる、みたいなところがあると思っています。

向谷地　池田小事件を起こした宅間守という青年がいましたが、駆けつけた教師に羽交い締めにされたとき、「ほっとした」と供述していたと読んだことがあります。「ああ、これでもうこんなことをしなくていい」と。秋葉原事件の加藤智大死刑囚も、事件の前にどうしてあんなにネットに書き込みをしたかというと「誰かが止めてくれると思った」と。本当はみんな「だれか僕を止めてくれ」と言いたいんじゃないか。そう思っています。

雨宮　植松被告もそうだったんでしょうか。彼にはそういう鬱屈とか葛藤とか、実存的なものがあまり感じられないんですが。

向谷地　彼は一生懸命、自分を正当化するロジックを作りあげて、いまは高揚感の中に浸っているように見えるんですけど、本当は自分がいちばんやりたくないことをやったのかもしれないな、と私は思いますね。彼が外部の人とやりとりしている手紙などを読むと、彼には醜形恐怖があるんじゃないかと思いました。整形をくりかえして、事件の前にもイケメンぽく自撮りした写真を投稿していましたね。自分の身体の改造願望というか、一種、強迫的に美しくなりたかったのではないかなと思います。重度の障害がある人たちを手にかけたのは、もしかしたら彼の醜形恐怖の裏返しだったのかもしれない。

雨宮　ああ……。

向谷地　彼はそれに恐怖していたのかもしれません。

雨宮　植松被告には、自分が社会から見て役に立つ人だと言われたいとか、褒められたいという欲求があったんでしょうか。だから、役に立たない「心失者」を殺してあげたと。

向谷地　やはりそこは透けて見えますね。彼はわかりやすい、世間受けのいい美しさにすがっている。同時に、非常に歪んだ形ではあるけれど、人の役に立ちたいと思っている。彼が教員をめざしたり福祉施設に勤務したりしたのも、単純に人のお役に立てると思ったのかもしれないですね。

だけど、そこで逆に彼は問われてしまった。いいことをするつもりで障害者施設に勤めたら、「自分は何者か」「どう生きるか」と自分が問われる立場に立たされた。そこから抜け出す手立てとして薬物などにも手を出してみたけど、もちろんそこにも答えはなかった。行きついたところが、「ものも言えぬ重度の障害者には生きる価値がない」という典型的な優生思想のロジックで脚色した〝即席のステージ〟で、彼はそこに居直っている。そんな気がします。

「無差別殺人したい」という青年との対話

向谷地　あの事件のあと、ある地方の市役所の関係者から相談があったんですよ。「植松とか、オウムの松本智津夫に憧れる、理不尽な世の中を思い知らせてやると言って、無差別殺人をほのめかしたり、安楽死をさせろといった電話を毎日何十回とかけてくる青年がいて、スタッフも職員も困っている。どう対処したらいいでしょう」と。

雨宮　それ、普通に警察を呼ぶべき案件じゃないですか（笑）。

向谷地　そうなんです。現場では警察にも当然相談していたんですけどね。でも、そう言っているだけで具体的に何かしたわけじゃないし、背景にはさまざまな可能性が考えられるということで、精神科医にも相談しつつ、関係者は緊張しながら対策を練っていたようなんです。私も、自分なりの経験からできるだけ情報提供やアドバイスをしていたんですが、他の相談業務にも支障が出るし、職員の人たちは日に日に追い詰められていくばかりだったので、やむなく「その人に僕の電話番号を教えていいですから」と伝えて。

雨宮　教えちゃうんだ（笑）。勇気ありますね。

向谷地　そうしたら、すぐ電話がかかってきました。たしかに、ちょっとこれは何か起こしても不思議はないなと思わせる雰囲気だったんです。世の中に対する不平不満や不公平感、健康面でのつらさなどを延々と話して、「通行人を無差別に殺したっていいんじゃないの」といったことを、あえて嘯《うそぶ》くような。こういう人がテロリストになったり無差別殺人を起こしたりするんだろうな、という気持ちになりました。以後、彼からは毎日のように電話がかかってきて、私はそれを聴くようになりました。いまでもほぼ毎日話しています。

雨宮　すごいですね。向谷地さんの辛抱強さが尋常じゃないです。

向谷地　もちろん出られないときもあるし、仕事中はとても無理ですけど。札幌のアパートから職場まで車で50分、浦河からだと3時間半かけて通勤しているので、その間ハンズフリーのマイクを使って。基本的には無理せず、マイペースでね。

彼の論法は単純なんです。電話の最初はかならず「面白いことない、つまんない」。

雨宮　普通すぎる(笑)。普通の若者ですね。10代のころのうざい友達みたい。

向谷地　そのつまらなさを解消するのに何が欲しいかというと、「出会いが欲しい」と。

雨宮　それもすごい普通ですね。なんでそれが無差別殺人とつながるんでしょう。

向谷地　彼女いないし仕事もしていない。だからつまらない。かわいいのは、「誰か、俺とランチ食べる人いませんか」って。

雨宮　かわいいですね(笑)。飲みに行くとかじゃなくてランチなんだ。

向谷地　「なんでランチなの」と聞くと「飲みに行こうって言ったら下心あると思われるでしょ」って。ランチで関係の下地をつくって、次の手立てが夕食やカラオケという、ちゃんとプランがあるんです。

雨宮　そこの気遣いはできるんだ。

向谷地　それで市役所に「誰かランチ一緒に食べませんか」って電話をかけていたんですよ。

雨宮　市役所に?

向谷地　そう。最初は市役所に「すいません、誰か俺とランチ食べませんか」と電話する。当然、「は?」となって福祉の相談窓口に回されますよね。窓口で同じことを言うんだけど、もちろんランチを一緒に食べてくれたりはしません。彼にしてみれば、「なんでも相談してください」って看板出してるのにどうして紹介してくれないのか。俺は出会いが欲しいのに、と。そこで、市が委託している相談支援センターなどを紹介したんですけど、その中の一カ所が就労支援のためにカフェを併設していて、彼は「そこでもいいから、誰か一緒にランチしませんか」と言うわけです。でもスタッフは「当センターとしては、利用者さんと一緒に飲食をするのは倫理規定上できません」と。それに対して彼はキレちゃって話がどんどんこじれた。役所からみれば、そのような支援はできないと説明したのに、自分の要求を通すために無差別殺人や自殺をほのめかし、手におえない、となるわけです。

雨宮　「ランチする相手が欲しい」っていう要求が満たされないから無差別殺人。ものすごい飛躍ですね。でも、なんとなくわかる気がする。とても普通な気がします。彼は全然、病気ではないわけですよね。

向谷地　そうですね。病気じゃないけど、普通に生きることにものすごく行き詰まっている。だけど関係者は最初その飛躍が理解できなくて、もしかしたら病気じゃないかと考えたわけです。

べてるのスタッフにも、会議でマイクが見つからないと「誰かマイク知らない?」じゃなくて「浦河がつぶれる！」って叫ぶ人がいるんですけど、それは、マイクが見つからないと会議が開けない、開けないとイベントが開けない、イベントが開けないと来客者が減る、するとべてるの経営が苦しくなる、浦河の過疎化が進む……ざっとこんな流れで「つぶれる！」になるらしいんですけど。似ていますね。

私が電話番号を教えていいよと言ったのは、例の相模原事件のあとだったので、自分だったらどういうふうにかかわれただろうかと、試みてみたい思いが少しあったんですね。それで、彼がランチの話をしたので、即座に「ああ、いいですね。浦河だったら行列ができますよ」と言ったんです。

雨宮　あぁ（笑）。

向谷地　浦河だったらみんなで「ランチ、行こう行こう」ってなるんですけどね。彼は道外でしたから簡単には行けません。とりあえず、彼の話を「なるほどなるほど」と聞きながら、「大量殺人をしたいというなら、それこそイスラム国にでも行く気あるの？」とか。

雨宮　煽っちゃだめじゃないですか（笑）。そしたら？

向谷地　「俺はそんなの、めんどくさい」。それで「俺を安楽死させてくれるとこないかな」。

雨宮　ランチか安楽死か無差別殺人かって。なんという究極の三択（笑）。

向谷地　私が「安楽死はオランダやスイスがいちばん進んでるみたいだし、スイスは海外の人も受け入れているようだから、ある意味、君は時代の先取りだね」って話したら、ケラケラ笑ってね。

雨宮　そう言われたら嬉しいんですかね。

向谷地　それで、たまたま彼が住んでいる近くで講演があったもんですから、「今度行くから、ご飯でも一緒に食べますか」と言ったら、「あ、ほんとですか。そしたら俺、働きます」って。

雨宮　えー！　すごい、素直ですね。

向谷地　かれこれ10年以上仕事してない彼が、私とご飯を食べるために、食事代とホテル代を稼ぐために働くって言うんですよ。しかも「俺におごらせてください」と言うので「わかりました、じゃあご馳走になります」と。

雨宮　それで、本当に彼は働いたんですね。

向谷地　ええ。それで、とうとう一緒にランチをしました。食べたあと彼が「俺、次はなんのために働けばいいですか」と聞くので、「私がまた来るかもしれないですよ」と言ったら「じゃあ、そのときのために、また働きます」。それで、その後も半年以上ずっと働いてるらしいんです。

雨宮　そんなきっかけでよかったんだ。

対話することで変化する

向谷地　前に毎日電話をかけて困らせていた支援センターに、彼のお気に入りの女子スタッフがいて、「その子と付き合いたいんだけど、どうしたらいい?」と聞いてきたから、「まずは共通の話題をつくることじゃないかな」「何かを勉強して、それをその人に質問してみるとか、教えてもらうとか」と。そうしたら、それはいいアイディアだと言って突然、放送大学に入ったんです。

雨宮　すごいじゃないですか。

向谷地　メキメキ変わってきたんですよ。そうしたら面白いことに、その地方に行くたびに一緒にご飯を食べるようになって、彼が自分の周囲に「向谷地さんが来るから一緒にご飯食べないか」と誘って、4、5人で集まるようになった。

雨宮　普通に好青年ですね。

向谷地　そして、先週なんですけど、いままでかならず電話の最初に「つまらない、面白くない」と社会に対する恨みつらみをひとくさり愚痴ってから近況を話していたのが、「面白くない」が急に消えたんですよ。

雨宮　消えたんだ……。

向谷地　長電話の最後に、私が「今日は最初のぼやきがなかったけど、どうしたの?」と言ったら、あわてて「あ、世の中つまらない」って(笑)。

雨宮　(笑)

向谷地　でもね、去年の秋くらいに、いろいろ話していたら急に「俺、寂しいんだ」って言うんですよ。

雨宮　「寂しい」とか「つらい」というのを、無差別殺人とかランチに言い換えていたってことですね。

向谷地　そうそう。

雨宮　1日40分くらい話を聞いてあげれば、人は変わるってことなんですね。

向谷地　ただ傾聴するだけじゃだめなんです。対話、ダイアローグですね。一緒に考える。

雨宮　それこそ、彼の抱えた問題を一緒に研究してる、みたいな。

向谷地　そうですね。質問することも多いし、逆にいろいろ教わることも多いし。

雨宮　でも、それは誰もが真似できることじゃないですよね……。毎日40分なんて、向谷地さんじゃないとできないわざだと思います。

向谷地　私、意外に苦じゃないんですよ。今日、メンバーさんたちから何回電話きたか数えたら14件きてました。出られないことも多いけど。

雨宮　ちょっと想像できません（笑）。

向谷地　それは自分のソーシャルワーカーとしてのエクササイズだと思っていて。対話する練習、研究する練習。傾聴だけしてると、聞けなくなってくるんですよ。自分も話題を投げかけて、面白いなって思ったり、軽妙なキャッチボールじゃないと長続きしないんですね。だから日頃からエクササイズをしておく。アスリートの基礎トレーニングみたいな感じですね。

対話という社会的なムーブメント

向谷地　最近、「対話」というのがキーワードとしてあちこちで言われてます。精神医療の世界では、ここ4、5年くらいでオープンダイアローグの試みが世界的に広がりつつあります。

熊谷晋一郎さんが東大の先端研に当事者研究ラボを設立したのが2015年ですが、彼のところでは最近、一部上場企業の人たちが集まって、企業経営の中に当事者研究を取り入れることをめざした研究会が始まっているそうです。また、オリンピックなどのスポーツ選手が、激烈な競争の中でメンタルを病むことが多いので、アスリートの当事者研究という試みも始まっています。その一方では、お母さん方の子育て当事者研究クラブみたいなものもできたり。

雨宮　それはいいですね。

向谷地　そういう大きな社会のうねりのようなものを感じますね。トランプ的な風潮に逆行するように、そういう動き、しかも草の根的なうねりが始まっている。たんなる批判を超えて、自分たちの足元からそれを乗り越える現実をつくりだし、発信していく。そういういちばん強力なムーブメントが始まっていると思うので、とても楽しみだなと思いますね。

雨宮　当事者研究というのは、もともとどこから生まれたアイディアなんですか。

向谷地　べてるで私たちが当事者研究を始めたのは2001年ですが、そのきっかけはもっと前、90年ごろにありました。メンバーさんたちが昆布作業でお金を稼ごうということになったとき、浦河町の企業経営者の集まりに行って、自分たちはこれまで仕事の場から排除されてきたけれど、これから本気でお金を稼ごうと思っている、皆さんに学びたい、とお願いしたんです。そうしたら皆さん受け入れてくれて、パソコンを貸したりと親切に支援してくれました。その中に異業種交流のネットワークに入っている人がいて、その人づてに、新潟の経営コンサルタントの清水義晴さんと知り合いました。この方が、べてるの取り組みを面白がって、本を出そうと言ってくれました。それが『べてるの家の本』という最初の本です。

その清水さんから、彼の会社の「一人一研究」という活動を教えてもらったんです。事務の人も技術者も掃除のおばさんも、社員みんなが自分の研究テーマを決めて、1年に1回その成果を発表しあうというものです。そこで「研究」というキーワードに興味を持って、あたためていたのですが、2001年に爆発が止まらない青年とのかかわりで、本人も周囲もほとほと疲れ果てたときに、半分やけくそで「どうしたらいいかわからないから、一緒に研究しよう」と言ったら、彼が急に元気になって「研究しましょう」と言いだした。そこから本格的に当事者研究の活動が始まりました。詳しくは、『べてるの家の「当事者研究」』（医学書院）などで紹介しています。

幻聴さんも寂しいんだ

向谷地　ひとつ、最近の当事者研究の事例を紹介したいと思います。統合失調症を持つお母さんですが、小学校低学年の男の子を蹴飛ばしてしまう悪い癖がありました。子どもを蹴飛ばしては「虐待」と言われて精神科に入院し、子どもは一時保護される。それをくりかえしていました。私が研修会場で「この中に、苦労の専門分野が〝幻聴さん〟という方はいらっしゃいませんか」と聞いたら、たまたまスタッフに誘われて会場に来ていたそのお母さんが、まわりをキョロキョロ見ながら手を挙げてくれたんです。それで「よかったら、私のアシスタントをしてくれませんか」と言って、壇上に上がってもらいました。

「どういうご専門ですか」と尋ねると「幻聴さんがいます」。「どんな幻聴さん?」と聞くと、〝黒い男〟(攻撃幻聴)と〝ヒゲじい〟(見守り幻聴)と〝雅子〟(お助け幻聴)という3人の幻聴さんがいます」。もう4、5年にもわたる付き合いだそうです。「今日は来てますか」「そこに〝黒い男〟が来ています」と言うので、「みんなで拍手しましょう」と会場から拍手してもらったら、彼女が「あれ、〝黒い男〟が笑ってます。笑ったのを見るのははじめてです」。実は、その〝黒い男〟こそ、彼女が抱える子どもへの「虐待」のキーマンだったんです。

研修会の最後に「今日は来ていただいてありがとうございます」と拍手をもらって帰ったあと、彼女も何か感じたようで、〝黒い男〟に「なんで私に子どもを蹴れって言うの？」と、はじめて質問したそうなんです。そうしたら、〝黒い男〟が「僕、消えたくないんだ」と寂しそうに答えたそうです。

彼女は〝黒い男〟から子どもを蹴飛ばせと命令されると断れなくて蹴ってしまう。医者は一生懸命、薬を変えて幻聴を止めようとする。主治医の言葉を借りれば「幻聴バスターズになって、じゅうたん爆撃をしていた」と。〝黒い男〟の側からすれば、絶え間ない攻撃を受けていたわけですね。

雨宮　消されまいとして幻聴さんも必死だったんですね。

向谷地　そう。その〝黒い男〟が「僕は消えたくないんだ」と言うのを聞いた彼女は、「もしかしたら、この男も自分かもしれない」と考えた。彼女自身、子ども時代から家族の中でつらいことが多くて、寂しい経験をしてきた人でした。長い間「この〝黒い男〟さえいなければ」と思ってきたけれど、〝黒い男〟も寂しいんだ。それなら優しくしてあげよう、と。そう思った彼女は、〝雅子〟と〝ヒゲじい〟と〝黒い男〟と4人で家族会議をして、〝黒い男〟も家族の一員として迎えようと決めたそうです。

雨宮　幻聴さんと家族会議（笑）。

向谷地　そうして、幻聴さんの家族と和解して仲良しになったら、〝黒い男〟は子どもを蹴飛ばせと言わなくなり、彼女も蹴飛ばさなくなって、外に出られるようになったんです。

雨宮　幻聴を消そうとするんじゃなくて、仲良くなればよかったんですね。

ケアする側とされる側の反転

雨宮　べてるの家では、精神障害を持つ人も普通にアパートを借りて住んでいて、門限もないし監視もない。メンバーどうしでカップルもいて、子どももできたりするじゃないですか。それって、おそらく植松被告が働いていたような施設のありかたとは全然違いますよね。そういう中で、彼の障害者へのまなざしが作られたようなところもあったのでしょうか。彼は衆院議長への手紙で、「保護者の疲れきった表情、施設で働いている職員の生気の欠けた瞳」と描写しています。

向谷地　本当は、人をケアする仕事に携わる人こそ、ケアされなきゃならないですよね。昔からそう言われてきたけれども、ちゃんとケアする人がケアされるしくみがないままに来てしまった。その中で、弱い立場の人たちが置かれたさまざまな矛盾とかひずみを取り込むようにして、ケアをする人たちも二重三重に生きにくくなっているように思いますね。

浦河ではいま、新採用になったスタッフが、まず自分自身の当事者研究をメンバーさんたちの前で発表するんですよ。

雨宮　それは緊張しそうですね。

向谷地　でも逆に、メンバーさんたちがどんどん自分の研究を発信している中にいると、自分たちも語ってみたいという気持ちになるんですよ。後ろめたい部分をただ生々しく語るんじゃなくて、研究して発表するという、ある種の守られた空間の中でのことですから。

今年入った若手も、たまたま私のところの卒業生だったので、「やったらいいよ」と言ったらすぐに自分の研究を発表してね。それでメンバーさんたちからあれこれアドバイスをもらったり。

雨宮　それがいいですよね（笑）。ケアする側とされる側の境目がないところが。

向谷地　そういう発想がなければ、ケアの場がケアの場じゃなくなるんですね。結局は管理になってしまう。専門家と言われる人たちが自分を守るためにね。それも専門家がおちいる病気みたいなものですよね。

私たち自身が、この事件にどう語り返すか

向谷地　植松被告は、彼の手紙の中で「やまゆり園はいい職場でした」とか、「素っ頓狂な子どもの心失者を見ると笑わせてくれます」などとも書いていたそうです。ある意味あれは、職員に対して自分は敵対していないというメッセージでもあるのかなと思うんですよ。職員を敵に回さず、私が手にかけたのは、あなた方の重荷になっている、社会の役に立たない「心失者」だけですよと。

雨宮　なるほど。そこで線を引いて、そこまで献身する必要はないんですよ、と。

向谷地　生かすべき障害者とそうでない障害者という線引きをすることで、親や介護者を味方につけるというか、対立軸をずらしているのかなと思います。一種、超越的な視点から社会のジレンマを解決してあげたという、そういうロジックを自分の中で巧みにつくっている。彼は、自分がヒトラーと同じだと言われるのは心外で、むしろ自分はリンカーンだと言っているみたいですね。

雨宮　奴隷解放の。完全に神の目線ですね。自分が命の選別をしてあげることで、人類が楽になると。

向谷地　そう。それで、そういうロジックが、彼自身の行為の是非とは離れて、それを聞いた人々の心に浸透していくように意図的に投げかけているように感じます。「あなた方が心の底では思っていても口に出せないことを、自分は身を犠牲にして実行してあげたのだ」とね。だから、これを乗り越えるためには、彼を道義的に非難することとか、彼の言動をあれこれ解釈することよりも、私たちがどうそれに語り返すか。それが問われているという気がしますね。

雨宮　べてるの家の存在も、植松被告のロジックに対するアンチテーゼとして機能していますよね。障害があっても、こんなに自由に、楽しそうに生きていられるぞという実例になっている。

向谷地　ええ。べてるは「今日も、明日も、あさってもずっと問題だらけ、それで順調」と、生きることの不確かさ、曖昧さ、苦労を大切にしてきました。だからこそ研究に意味がある。決してユートピアではない。だからこそ、みんなが自分の言葉で、自分と社会に語り返していくことが大事だし、私たちもそれぞれの立場から、あえて自分ごととして語り返していく必要があると思います。非常識な事件とか、信じられないできごとだというだけで済ませずに、あえてみんなが自分ごととして語り返していく。そういうことでしか、この事件を乗り越えられないし、それをもしできたら、彼も変わるんじゃないかな。

雨宮　植松被告が。

向谷地　ええ。変わらざるを得なくなるというか。彼の言葉を下支えしているローカルカルチャーを、ゆっくりと揺さぶるんです。生ごみを黒土に変えるミミズのように。

彼はもしかしたら、表向き語られない社会の不確かな現実を取り込んで、ヒーローのようなつもりで〝崇高な〟役割に逃げこんでいる。だとすれば、むしろ矛盾や理不尽なことが多い社会で生きている私たち自身がその現実を語り返すことで、彼も変わらざるを得なくなる。「自分は寂しかった」と一言つぶやけるようになるかもしれない。さっきお話をした青年が、私と1年半くらい毎日電話して、ようやく「俺、寂しいんだ」と語ってくれたようにね。

雨宮　そうですね。そうであってほしいと私も思います。

あとがき

このあとがきを書いている2019年夏、世間を賑わしているのは、重度障害者の参議院議員が2人、誕生したというニュースだ。「れいわ新選組」の舩後《ふなご》靖彦さんは難病ALS（筋萎縮性側索硬化症）。全身麻痺で、呼吸器を装着している。同じく「れいわ新選組」の木村英子さんは生後8カ月で歩行器ごと玄関に落ち、首から下がほとんど動かなくなったという。2人とも24時間介護が必要な身だ。

2人の当選を受け、国会はスロープの設置や本会議場の改修など、ハード面でのバリアフリー化を一気に進めた。同時に、2人の当選は制度の矛盾もあぶりだした。

「このままでは登院できないかもしれない」

初登院を前にして2人はそう訴えた。両氏が利用する「重度訪問介護」には、通勤や仕事中は介護サービスを受けられないという決まりがあるからだ。長年、障害者が働くことの壁となり続けてきたこの制度の不備は、瞬く間に知られることとなり、現在、厚労省が見直しを進める方針だという。障害者が議員になった。そのことで、これほどに制度の穴が知られ、見直しへの機運が高まり、そして物理的なバリアフリーが進むのだ。それが、相模原事件から3年を迎えたこの国の光景である。

もちろん、楽観できることばかりではない。

2人の当選には喜びの声ばかりでなく、ネット上にはひどい言葉も溢れている。国会議員が率先して「介護費用を自己負担しろ」と訴えていたりもする。そんなものを見るたびに、これがパラリンピックのホスト国となる日本の実態なのかと、暗澹《あんたん》たる気持ちに襲われる。

だけど、あの事件から3年、「命の選別」がより進められていくような空気の中で、私たちは多くのことを考え、言葉を紡いできた。2人の当選は、そのひとつの「成果」のようにも思えるのだ。

私はさまざまな成り行きから、参院選の間「舩後サポートチーム」の一員として、スピーチの添削や連絡係などをしてきた。歯で噛むセンサーでパソコンを操り、音楽活動も楽しむ「全身麻痺ギタリスト」の舩後さんのスローガンは「肉体の動きは止まった！　しかし、人間の可能性はNO LIMIT（限界はない）！」。呼吸器をつけながらも2014年には松戸市議選に立候補し、介護関連会社の副社長として仕事をし、そして国会議員となった舩後さんと出会って、私は老いや病があまり怖くなくなった。生きようとしさえすれば、あとはなんとかなる。全身麻痺だろうが呼吸器だろうが、みんなで工夫してなんとかする。そのことを、舩後さんは体現しているからだ。

そうしていま私は舩後さん、木村さんを支える政策委員会を障害者の人たちと立ち上げている最中だ。これまでの障害者運動の知見を政策立案に役立ててほしいという障害者たちが大集結しているのだ。そんな日々の中、健常者よりも障害者と会う機会のほうが多くなっている。ハイタッチ感覚で車いすをぶつけあってははしゃぐ彼ら彼女らに、いろんなことを教えてもらっている日々だ。

気がつけば、私たちは一緒に生きているどころか、いま、一緒に仕事をし、政治をダイレクトに変えようという試みをともにしている。そんな共闘の相手として、彼ら彼女らはあまりにも頼もしい。私の中の障害者は、「守られるべき」存在から「一緒に社会を変えていく」存在となった。

こんな世界があることを、植松被告に知らせたい。

植松被告だけじゃなく、もっともっと、たくさんの人に。

そんな思いで、この本を出した。

スペシャルサンクス　神戸金史さん、熊谷晋一郎さん、岩永直子さん、杉田俊介さん、森川すいめいさん、向谷地生良さん。そして大月書店の岩下結さん。

雨宮処凛

２０１９年８月

編著者
雨宮処凛（あまみや・かりん）
1975年北海道生まれ。作家・活動家。フリーターなどを経て2000年，自伝的エッセイ『生き地獄天国　雨宮処凛自伝』（太田出版，ちくま文庫所収）にてデビュー。2006年から貧困・格差の問題に取り組み『生きさせろ！　難民化する若者たち』（太田出版，ちくま文庫所収）でJCJ賞（日本ジャーナリスト会議賞）受賞。著書に『「女子」という呪い』（集英社クリエイティブ），『非正規・単身・アラフォー女性』（光文社新書），『1995年　未了の問題圏』（共著，大月書店）など多数。

装幀　宮川和夫事務所
DTP　編集工房一生社

この国《くに》の不寛容《ふかんよう》の果《は》てに　相模原事件《さがみはらじけん》と私《わたし》たちの時代《じだい》

2019年9月13日　第1刷発行
2021年1月15日　第5刷発行

定価はカバーに表示してあります

編著者　雨宮処凛
発行者　中川　進

〒113-0033　東京都文京区本郷2-27-16
発行所　株式会社　大月書店
印刷　三晃印刷
製本　中永製本
電話（代表）03-3813-4651　FAX 03-3813-4656　振替00130-7-16387
http://www.otsukishoten.co.jp/

ISBN978-4-272-33097-3　C0036　　Printed in Japan